多才力

ひとつの才能では、
もう伸びていけない

櫻井秀勳
Hidenori Sakurai

東京堂出版

多才力

――ひとつの才能では、もう伸びていけない――

序章 専門性がすぐ古くなる社会

第1章 なぜこの人たちはうまくいかないか

第6章 人脈を多才、多彩にする！

第7章 櫻井式「潜在能力を広げる法」

＊本文イラスト＝スタジオ　モーニートレイン

序　章

専門性がすぐ古くなる社会

方向性が常に不安定な企業

最近の企業は常に揺れ動いています。もちろん企業ですから、新しい分野に入っていくのは当然ですが、それとも違います。

中心事業そのものがなくなってしまうか、縮小されてしまうことも珍しくありません。セイコーエプソンが液晶ディスプレイを中核事業から外したり、パナソニック、ソニーもテレビ事業を縮小するでしょう。シャープは外国企業に助けを求めました。任天堂もゲームソフトで大苦戦です。これらは一例に過ぎません。大企業といえども世界の動向に揺れたり、電力不足で主たる事業が不安定になります。

こうなってくると、大学で専門課程を学んで就職したとたん、勉強してきた分野がなくなってしまう、ということもあり得ます。実際、原子力発電が全廃になったら、専門的にその分野を学んできた学生も、電力会社社員も、途方にくれてしまいます。

私にいわせれば、専門性がいつなくなるか、見当もつかない時代に入ったのです。このことをしっかり考えていないと、あなた自身、その直撃を受けることになるのです。

これまでも、こういうことはいくらでもありました。

たとえば全国で、専門店が二万店舗を切った業種はなくなっていく、といわれていました。和服屋から下駄屋、駄菓子屋、炭屋、煙草屋などは、こういった変化の中で、次第になくなっていった業種でした。

しかしこれらは、近代化といった進歩の過程での話で、誰にもわかっていたものです。ところが現在は、明らかにわかっている理由以外に、不意打ちともいうべき大揺れがやってくるようになってきました。

尖閣諸島をめぐる中国の対応は、日本企業にとって、思いもかけなかった衝撃でした。それだけ世界の動きが、もろに、日本を直撃するようになってきたと考えるべきでしょう。

最近は世界の大学のランキングが発表されています。調査機関によって違いはありますが、上海交通大学の「世界大学学術ランキング」によると、トップはアメリカのハーバード大学で、つづいてスタンフォード、マサチューセッツ工科大学とつづきます。日本の最高学府、東京大学は二〇位です（二〇一二年八月現在）。

これだけ見ても、日本の大学は世界の趨勢に遅れているな、と感じてしまいます。頭脳的にいえば、日本人は世界のトップクラスでしょう。それにもかかわらず、日本のほとんどの大学が何百位台だということは、世界の大勢についていけないことを表しています。

日本ではこれまで、四月が入学シーズンでしたが、日本列島全体が春めくのがこの季節だったからだ、といわれています。

ところが世界は、ほとんど九月が入学式となっており、これだけでも断然不利です。企業は大学の卒業、入学シーズンに合わせて情報を流すだけに、日本の学生は最新の企業、産業情報を知らないことになります。

これだけでも、世界の政治、経済情報にうとい学生がふえてしまいます。ようやく東京大学が九月入学の先鞭をつけるようですが、まだまだ日本の中だけで考えている大学が多そうです。

勝つときは、確たる理由がない場合もありますが、負けるときは必ず理由がありま す。いまの日本は、一時の経済的勝ちに奢って、変化を嫌った感があります。

しかし一口に変化させるといっても、容易ではありません。そのためには何が必要なのか、よく考えていってみましょう。

あなたの働き方では、お払い箱が早い！

私の周りには、若くて優秀な経営者や企業コンサルタント、個人コンサルタントが、大勢います。彼らの多くは、大学卒の定番である「大企業」経験者は、ほとんどいません。その意味では、エリートではありません。

ところが大学で優秀な成績を修め、有名企業に入った学生は、どこに行ってしまったのでしょうか？　大企業の歯車の一つになってしまったため、存在していることは確かですが、見えなくなってしまったのです。

かつては、この生き方が最高でした。会社百年の計の中で、どんなに小さい歯車であっても、それが欠けていれば、正常な動きになりません。その小さな歯車として働く喜びこそ、企業人の誇りであったのです。

私はここで「かつては」と書きました。私自身は、もう何十年前の過去の生き方だと思っていますが、実はこれがいまでも、脈々と生きているのです。

多くのサラリーマンは、世の中の変化をなるべく見ないようにして、営々と仕事をしています。まるで日光東照宮の「見ザル、聞かザル、言わザル」に似ています。

もちろん、企業によっては、この生き方で、一生過ごせるかもしれません。公務員だったら間違いなく過ごせそうです。その点では、うらやましいようですが、果たしてこれからも、そううまく行くでしょうか。

もし「行く」というのであれば、なぜ自分たちより、学力も低く、会社勤務も満足にしていない、非エリートのコンサルタントの話を聞きに行くのでしょうか？

いまのさまざまな勉強会の大盛況は、異常ともいえるほどです。

それでも二〇代、三〇代の人々ならわかります。大転機にあることを、本能的に体と心で知っているからです。

ところが現実には四〇代、五〇代の人が多く、女性たちの姿も、男たちにひけを取りません。彼らの真剣さは驚くほどです。明らかに、いまの自分たちが失敗した世代であることを示しています。

ここで大きく、二つの道の分岐点に差しかかっていることがわかります。

古いタイプのサラリーマンの多くは、仕事を生き甲斐にしてきました。ところがそれが大失敗だったのです。その理由は、肝心の会社、職場がなくなったり、生き甲斐としてきた仕事そのものが、古くなってしまったからです。

「会社の仕事を通して収入を得る」という夢が、まったく崩れてしまったのです。

金科玉条のように思っていた「仕事と収入」が成り立たなくなったサラリーマンたちは、一つはそれを守りつづけようとしています。分岐点に立っていることはわかっていますが、いまさらどうしようもない、と、半分はあきらめ顔です。

それに対して、これでは将来のたれ死にする、と気がついた人々は、「自分で仕事をして金を得る」方法はないか、とさぐりはじめたのです。

これらの人たちがいま、コーチング、ティーチングの勉強会に乗り込んでいる、という図が見えてきます。

つまり、会社から与えられた仕事さえしていればいい、という単細胞の考え方では、早い人は、四〇代でお払い箱になるのです。いや、それらの人たちが爆発的にふえています。この流れは、もう絶対に止まることはないでしょう。

「念のため要員」が切られる時代になった

「終身雇用はなくなったのだ」と、いくら口を酸っぱくしていっても、現実には80%の人たちは、この幻の雇用制度にしがみついています。

イタリアの経済学者パレートは、一九世紀のイギリスを研究しているとき、20%の富裕層に、イギリスの総資産の80％が集中していることを発見しました。さらにその傾向は、継続して繰り返されることに注目したのです。

これが有名な「80対20の法則」です。

これを私たちの生活に当てはめると、企業というものは「20％の優秀な人々によって、80％の売上げを上げている」ことがわかります。

反対に80％の社員は、会社の売上げの20％しか寄与していないのです。終身雇用にしがみついている社員は、いわばこれらの人たちであって、本当なら企業にとって、あまり望ましい社員ではありません。

ではなぜ、これらの人たちは、どんどんクビにならないのでしょうか？

それは優秀な人々、たとえばセールスマンがやめていってしまうと、残りの80％の中から、ふしぎなことに新しい20％の働きアリともいうべき人たちが生まれる、といわれます。

だから企業側も「念のために雇っておくほうがいい」と、私なども、経営者に教えています。

しかし、です。それは二〇代、三〇代までの話であって、四〇代以降はまったくのムダ要員になってしまいます。経営者側はこのことをよく知っていて「念のため要

■20%の優秀な人が80%の売上を上げている

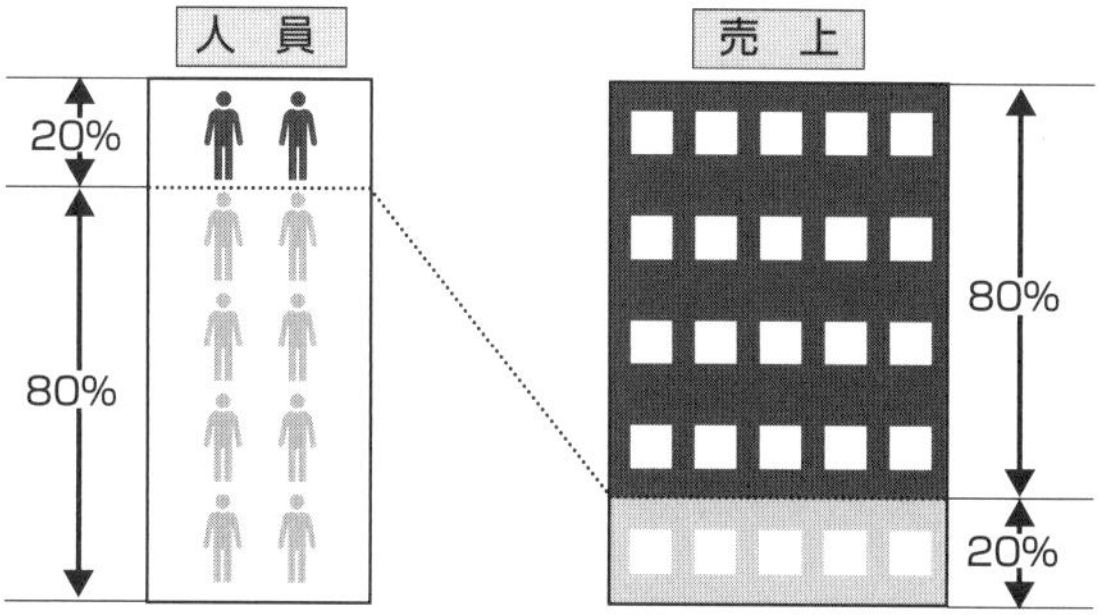

■優秀な20%が独立すると……

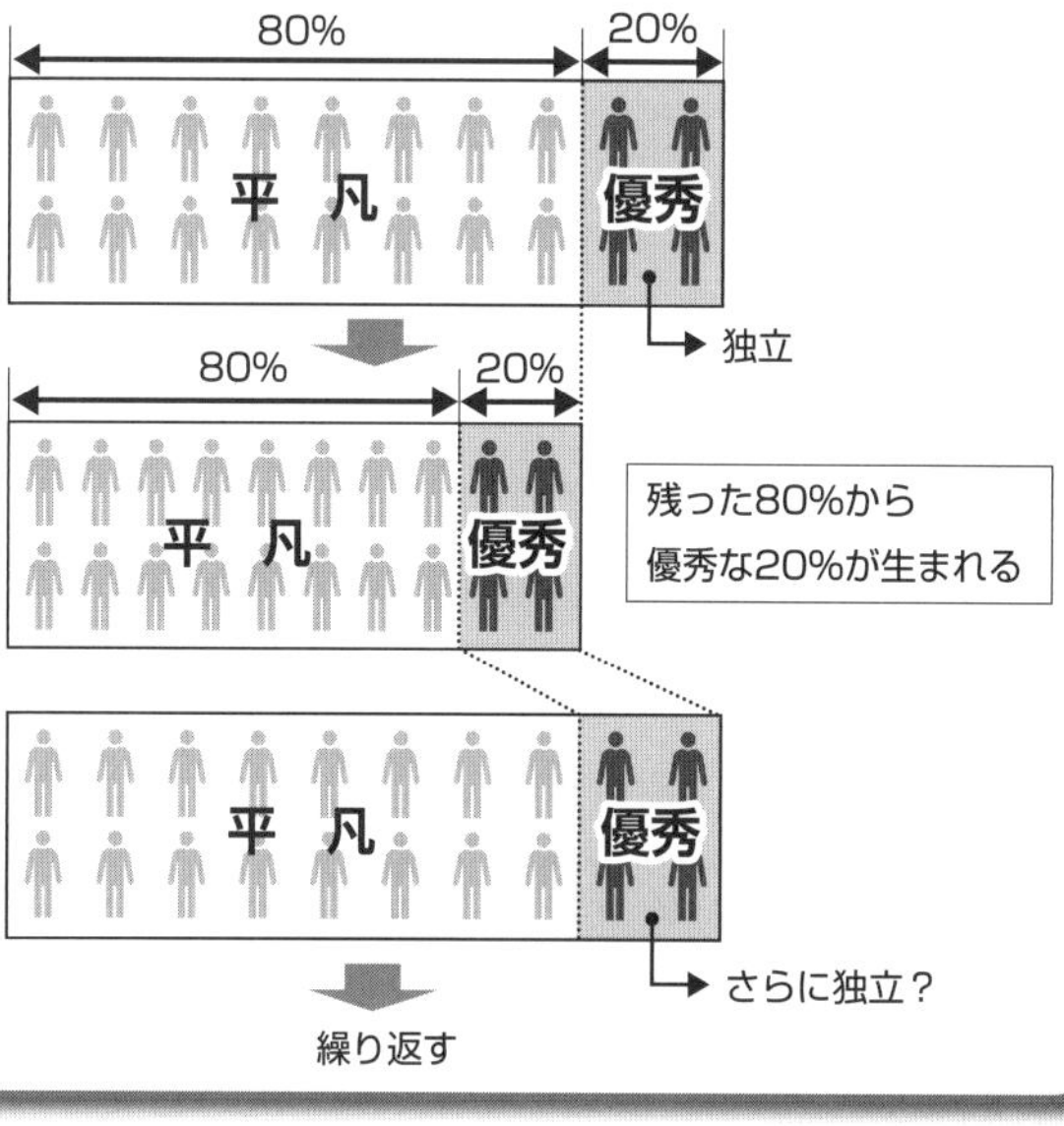

員」として不必要になった世代から、どしどし切っていきます。

ところがその理屈を知らない人たちは、あわてて会社にしがみついたり、中には、勉強会に出てくる人たちもいます。しかし、私にいわせれば、もう遅すぎるのです。勉強会に出てきても、考え方が根本から違うため、正直なところムダなのです。

では、どこが根本から違うのでしょうか?

お金の考え方です。新しい世代のコンサルタントたちは、アメリカなど外国で勉強してきている人々が多く、極端にいうと、契約書によって金銭を稼いでいます。

つまり、金銭は自分の能力、技術によって稼いでいることになり、それをいかに運用するかを、世界中の金利を眺めつつ考え、実行しています。

またかりに企業で働くとしても、能力契約であって、時間契約ではありません。ここがとても重要であり、ほとんどの人たちは、ここで怖気をふるってしまうのです。

私の例を取り上げると、五五歳で独立して二五年以上、私は自分の能力で生きてきました。かりに病気をしたら、貯えだけで生活しなければなりません。仕事ができないのですから、収入はゼロです。

私も私の妻も、この生活を当たり前と思っていますが、多くの人たち(たとえば80%の人々)は、そんな危険を冒そうとしません。体と時間を会社に縛られることで、毎月の収入を確保しているからです。

この生き方が崩壊しているのは明らかです。私は幸運にも、五五歳から方向転換できましたが、多くの人たちは「自分にはそれはムリ」と考えているでしょう。

ムリと考えていて、生活できる人は幸せです。生活できなくて、自殺する人、生活保護を受ける人たちが溢れているのですから。

その恐ろしさに、いかに早く気がつくかが、いま問われているのです。

右肩上がりの仕事、右肩下がりの職業

どの国でも一貫して、右肩上がりの好況経済などというものはありません。私のように昭和の初めから平成二〇年代まで、社会を見ていると、必ず何度も何度も、上下しているものです。

私の大学卒業時（昭和二八年）には、三白《さんぱく》景気といって、紙・パルプ、繊維、砂糖の三業種が絶好調でした。しかし間もなく、他の業種にその座を奪われています。これは当然のことで、いつの時代でも古くなるものはあるのです。

私が信じられないのは、なぜ学生たちがそのとき絶好調の企業に就職したがるか、

という点です。「上がれば下がる」という原則を考えれば、下手をすると、将来、自分が役員になる寸前に、潰れる危険性だってあるからです。

それに、そういう企業、業種には最優秀のメンバーが行く可能性が高く、二流、三流校出身者では歯が立ちません。また、そんな簡単な原理がわからないようでは、どの道、成功するなど、不可能でしょう。

成功したいのであれば、もっと先を読まなくてはなりません。では、どうしたら、先を読めるのでしょうか？

私はこれまで、何種類もの雑誌を創刊してきました。このとき考えるのは「先行きの生活がどうなるか？」の一点です。

かりに現在であれば――、

(1)地球環境はどうなるか？　日本のヒートアイランド化で、何がどう変わるか？

(2)日本、中国で女の子が少なくなっている。このまま男の子が多くなりつづけると、結婚、家庭はどう変化するか？

(3)医学の進歩で一二〇歳まで生きるようになると、高齢者の生き方はどう変わっていくか？　あるいは葬儀はどう変わるか？

(4)少子社会は、どこまで外国人の移民を認めることになるのか？　反対に日本人はどのくらい外国に出ていくことになるのか？
(5)日本のギリシャ化はいつになるか？　そのとき私たちの生活はどうなるのか？

こういったことを考えるでしょう。どのような雑誌を創刊するにせよ、こういった未来を考えないことには、すぐ古くなってしまうからです。

もう一歩先を読むなら「天皇制はどうなるか？」が、最大の問題となるでしょう。私はこの中の(3)の葬儀に、早くから注目してきました。葬儀雑誌を創刊したい、と思ったのです。

廣済堂は印刷会社ですが、同時に出版事業を行なっています。ところが創業者の櫻井義晃氏の生前、秘書をつとめていた女性が、オーナーから「何か事業をつくったらどうか」といわれてつくったのが葬儀事業だといわれています。

彼女にはその先見性があったのでしょうが、いまでは廣済堂グループの三本柱の一本に育っています。

こういった事業は、裏通りの小さな仕事である場合が多いものです。それも日本だけでなく、外国の裏通りに、将来注目されるような事業が転がっている、ともいわれています。

そのために、先見力のある目を育てることが重要になってきます。それこそ、多才、多彩な目配りが、あなたの成功を呼び込むのです。

毎日同じ話題では、若くても老人

私は現役の頃、会議を始める前、五分間ほどは雑談をしていました。これについては、賛否両論それぞれですが、私は誰が、どういう話題を出すかに注目していました。雑談といっても個性が出るもので、人の話を聞くだけの部員もいれば、毎回、ゴルフの話をする男もいます。また、出社するまでの中で、エピソードをつくる器用なタイプもいますし、今朝のニュースを必ず話題にする部員もいるものです。

これを繰り返していると、いつも、同じ話題しか話せないタイプもいるのです。週刊誌の編集部員としては、役に立たないことがわかってしまいます。

私の経験では、週刊誌が一週間に必要なテーマは、最低五〇本です。テーマの大小は問いません。一〇ページのテーマも一本ならば、一ページの小さな記事も一本と数えるのですが、しめて五〇本以上、目次に入っている週刊誌は、概して売れています。

これはどういうことかというと、現代人はふつうならば、それだけのジャンルの話題を必要としているのです。かりに四〇本しか入っていない雑誌だとすると、一週間の情報量としては足りません。

かりにもう一誌買うとしたら、二倍の金がかかってしまうので、その週刊誌は買われないのです。

どうもこれは、月刊誌でも同じだと見えて、売れている月刊誌にその傾向が見られます。つまり、週刊誌より、くわしい内容が入っているのでしょうが、話題数としては、五〇本が丁度いい数なのでしょう。

基本的にいうと、若者は週刊誌、高齢者は月刊誌の読者であることを考え合わせると、どんな高齢者でも、一か月五〇本の新しい話題を口に出さなければ、老人と見なされてしまい、現代社会から脱落してしまうのです。

「多才力」とは、本人の才能の広さであることは当然ですが、そのためには話題力も必要です。話題の間口の広さこそ、「多才力」の入口になるのですから。

歌舞伎を例に出せば、素人が歌舞伎そのものを演じられないのは当然です。しかし歌舞伎を話題にできる人とできない人とでは、月とすっぽんほどの力両の差ができてしまいます。なぜなら歌舞伎というものから、企画の発想が飛び出る人のほうが、断然、実力が上になるからです。

「猿之助（現・猿翁）の新歌舞伎のように、宙吊りを考えてみたらどうか？」

という発想は、歌舞伎を知らない人、観ていない人、さらには亀治郎の襲名を知らない人には、絶対出てこない発想だからです。

こういったニュース、情報は、テレビ、新聞、雑誌によって知るもので、それが長年つづくことによって、ニュース感覚というものが養われます。

すると、知らず知らずの間に、話題が豊かになるはずなのです。かりにゴルフの話題を雑談にするにしても、スコアがどうであったかではなく、その倶楽部はどういうサービスであったか、客層は？　値段は？　といった面に、鋭く目を向けていることが求められるのです。

若くても優秀な人、高齢者でもまったく衰えていない人は、このような共通項があるはずです。そんな目で、自分の周囲を見ていくと、付き合っていくべき人、付き合いを断つべき人が、たちどころにわかってきます。

ＩＴに進んだ人は天国か地獄か？

いまから一〇年ほど前、私のところに現れた一人の青年がいました。私の作品をケータイサイトにしたい、というわけです。私はこの青年の話を聞いているうちに、活字が魔法のように、みごとにサイト化されていく光景が目に浮かび、時代は完全に転換したのだ、と思ったものです。

さらにその五年ほど前に遡ると、私の近くにいた松永真理、夏野剛という二人の若者が、ドコモでｉモードを立ち上げました。松永さんは私に「携帯電話によるマガジンを発行したい」と、びっくりするようなアイデアを語りましたが、その通り、この二人は日本のＩＴビジネスの先駆者になってくれたのです。

それと同時に、ネットによるソフト事業は、若いうちでないとできない仕事であることを直観したのです。それは若者ほど、新しい技術を習得しているからです。

「十で神童、二十過ぎたらただの人」という言葉がありますが、ネットの世界はまさにそれだと思いました。専門性がすぐ古くなるからです。

現在、私のところに出入りしているＩＴ関係者は、出版関係者の数倍は転職を繰り返しているのではないでしょうか？　悪くいえば、後輩に技術上で負けてしまうからです。正確にいえば、自分の持つ技術を必要とする企業をさがすわけですが、それらが必ずあるとはかぎりません。

ＩＴ関係者にうつが多いといわれますが、私にはわかるような気がするのです。企業というのは、それぞれ年齢構成があり、若年層から高齢層にわたって、なだらかなカーブを描くのが理想的です。

ところがＩＴ関連企業は、客層に一〇代、二〇代の男女が多いため、社員のほうも、二〇代が圧倒的多数です。これらの社員は三〇代後半、いや前半でも使えない、といわれます。

突出した才能で、若いうちに起業して成功する人たちは幸運ですが、大量入社組が全員幹部になるわけにはいかず、結局、何年かのうちに、転社していくことになるのです。

しかし、この道を進む人たちは、そのことを知って入っていった勇敢な人々だ、ともいわれています。私の周りにも、学生でありながら、若手起業家になろうとしている男女が少なくありません。

彼らの頭の中には「フェイスブック（ＦＢ）」を創業したザッカーバーグの姿が刻

まれているのかもしれませんが、ほかのジャンルの起業と較べると、地獄に落ちる危険性は否定できないようです。

この一〇年間に出会ったＩＴ関係の若者で、私の場合は、どこに消え去ったか、わからない人々が大勢います。どこかで食べているのでしょうが、この進歩の速い業界は、それだけ魔物のようなものかもしれません。

ハードの進歩によって、ソフトが変わらざるを得ない業界は、常にその危険がつきまといます。私自身、パソコンを使う機会は減り、ｉＰｈｏｎｅ、ｉＰａｄを手元から離したことはありません。

いずれ電子書籍の時代になるのでしょうが、どこのリーダーが覇権を握るかによってでも、大量のＩＴ関係者の失業が出ることになってしまいます。私はすぐ使えなくなる専門性には、強い不安を持っています。

「しまった!」と思ったら、すぐ方向転換

どんな人にも失敗はつきものです。表面上は明るく平然としていても、心の中では「しまった。どうしよう?」と思い悩む人は、数多くいます。

この失敗には、仕事、就職、金、恋愛その他、数かぎりなくありますが、金と恋愛は一時期のものです。ところが仕事や就職、あるいは離婚はその人の一生を支配するものだけに「選択を間違えた」と思ったら、すぐ方向転換するほうがいいでしょう。

日本人はこの点、粘り強い性格を持っているため、なかなか方向転換しづらいものです。

私自身、光文社という出版社に入社したとき、のちに社長となる恩師、神吉晴夫常務から、

「この会社にいる間は、小説を書いてはいけない」

と、副業禁止令を出されました。作家になれる自信はないものの、書くのさえ禁止されるのはどうかと思いましたが、就職難のこともあり、そのまま承知しました。

私の場合は方向転換できなくて、むしろ幸いでしたが、あるいはあのときやめていたら、一人の貧乏作家が生まれたかもしれません。

そんな思いをずっと引きずっていただけに、後年「微笑」という隔週刊誌の編集長をしていた折、二人の部員が「やめたい」といってきたとき、私はその才能をもっと伸ばすべきだと、むしろ積極的にやめさせたほどです。

このときの一人は、のちに直木賞作家になった船戸与一君であり、もう一人は、国

立国際美術館長、美術評論家の山梨俊夫君です。

恐らくこの二人は、すでに「微笑」編集部で働いているときから、強い違和感をもっていたと思います。そんなとき、そのまま勤めていたら、編集部にとってもソンですし、まして本人は多彩な力を発揮できません。

この決断が、運命を決定づけるのでしょう。人生の成功者は、この方向転換がうまいのだと思います。

人生の方向転換は、時期が遅れれば遅れるほど、むずかしくなります。三〇代までは誰でもできますが、四〇代以降はどうでしょうか？

私の周りにも、転職をためらう人、離婚を決断できない人がいますが、そのほとんどが中年の男性、女性です。「しまった」と思っていても、方向転換できません。これらの人たちは、その結果が予測できないことで、不安になるのでしょう。

しかしこれは明らかに間違っています。というのも、いまの人生は、少し前と違って、人生六〇歳で終わるわけではありません。むしろ、八〇歳から九〇歳まで生きなければならないからです。

かりに七五歳で死ぬとしても、心とお金の準備は八五歳くらいまでしなくてはならないでしょう。

それは平均寿命表と平均余命表を見れば、一目瞭然です。いやでも生きなければならないのです。そうであるなら、四〇代、五〇代で、よりよい方向にギアチェンジしないと、後半生で大きな後悔をすることになります。

昔より長く生きなければならなくなった分、より広く、より深い能力を持たなくてはならなくなったのです。特に人生の後半生を安心して生きられる才能を、いまから育てていかないと、間に合わないかもしれません。

第1章

なぜこの人たちは
うまくいかないか

一つのことにのめり込む狭い視野

台湾でもっと愛される日本人に、八田與一という人物がいます。東大工学部を卒業後、台湾総督府に入り、当時マラリアなど伝染病の巣といわれた台湾奥地で、壮大な烏山頭《うさんとう》ダムを築きました。

彼は石川県金沢市の出身ですが、恩師、広井勇教授の「技術者は、技術を通して文明の基礎づくりだけ考えよ」という言葉に奮い立ち、荒地に豊かな水の満ちる貯水池を夢見たのです。八田與一の名は現在、台湾の教科書に載っています。

長野県は四方を山に囲まれている土地柄で、それだけに県民はいつも、山の向こうはどうなっているのだろうと、子供心にも憧れを抱くといわれています。

それによって多くの長野県民は、〝山のあなたの空遠く〟から、文化を運んできて、日本最高の教育県にしています。さらにそれらの人々は、文化の象徴である出版社を東京に立ち上げて、出版信州王国を築いています。

岩波書店、筑摩書房を筆頭に、約三〇社が長野県人によってつくられ、発展しています。

私はこの二つのエピソードを、大切にしています。というのも、見えないものを見ようとする好奇心と意思によって、人間は進歩するのだ、と知ったからです。

多才力とは好奇心力だと、私は考えています。好奇心があれば、その目は⑴外へ⑵遠くへ　⑶幅広く――向けられるものです。

幕末の維新は、目を開いて見ようとする人々と、目を閉じ、あえて見ようとしない人々との戦いでした。

そして見ようとしないため、どうしても狭い土地に閉じこもり、井戸の穴から覗く蛙のようなことになっていったのでしょう。

私は東京の下町、いまの亀戸天神近くで生まれ育ちました。私の祖父は東京に初めて円タクができたとき、運転手になったほどの好奇心旺盛な人でした。

仕事のない日には、まだ小学校に入っていない私を助手席に座らせ、東京の繁華街を走らせてくれました。さらにまだ、三階建ての木造家屋は禁止されているのに、物干台を使って奇妙な部屋をつくり、そこから市街を眺めさせてくれたものです。

これがのちに、私が東京外国語大学に入る遠因となったのです。まだ見ぬ国を知りたいと語学を選び、まだ見ぬ未来を見たいと、占いに凝ったのも、祖父の教育の成果（？）かもしれません。

この祖父はもう一つ、大きな教えを私に残してくれました。

六〇歳を過ぎて芸者と一緒に、北海道の奥へ逃避行を行なったのです。わが祖父ながら、実にスケールの大きい男だったと思います。昭和初期の六〇歳といえば、平均寿命をとっくに過ぎており、もしかするといまの私の年齢くらいだったかもしれません。

この祖父の行動が私に、女性への目を開かせてくれたこともたしかです。これまで自由気ままに、大勢の女性たちとつき合ってこられたのも、祖父譲りの女好きがプラスに働いたと思うのです。

この私の経歴からいえることは、狭い庭に座っているだけでは、視野は広がりませんし、知恵も知識も少なすぎます。

ところがいつも私は「櫻井さんはいいですねぇ。好きなことができて！」といわれてきたものです。「できる」のではなく「する」ことが大事なのですが、多くの人は、その勇気がないのかもしれません。

好奇心をもてば、視野は広がり、結果として、知識も経験量もふえるのです。狭い庭から、一歩踏み出してはどうでしょうか？

転職を楽しいと思うか苦痛と考えるか

私はこれまで何度、職を変えたかわかりません。自分から転職をしたこともありますが、会社をやめさせられたことも、二度ほどあります。あなたが想像していたほど、ラクな人生ではありませんでした。

ところが私は社会に出て、光文社という出版社に入ったとき、二人の有名人から、この会社をやめると予言されていました。

一人は黄桜酒造のカッパの絵で有名な、小島功というマンガ家でした。

「きみは三八歳で光文社をやめることになる」

と、私の手相を観て断言したのです。これは一年違いでしたが、三九歳でやめることになったのですから、すごい予見です。

もう一人は、直木賞作家の南条範夫先生でした。若い頃の私は、英語の本をかばんに入れて、読んでいたのですが、それを目ざとく見つけて、

「きみは三つの仕事につくことになる。その一つは大学の先生だ」

というのです。

この南条先生は、作家になる前には多彩な職歴を持っていました。秀才しか入れないという戦前の満鉄調査部、三井本社、中央大学ほか数大学の教授、首都圏整備委員会といった、みごとな経歴です。

私はこの先生にずいぶんかわいがられましたが、この予言はみごと的中しています。大きくいうと出版社、女子大、作家という三つの仕事に携わってきたからです。

いまでこそ転職は日常的になりましたが、私の時代は永久就職がふつうですから、非常に珍しかったのです。しかし私は転職が嫌いではなく、むしろ新しい人たちと仕事をするのが楽しかったのを、覚えています。

この転職を、離婚に重ね合わせることもできます。

近頃は再婚はふつうになり、再々婚も出てきています。私は初婚のままですが、この離婚、再婚を未来型と考えるか、過去の清算と思うかによって、その後の人生は大きく変わってきます。

これは一般論ですが、離婚は男女とも苦い思い出がありますが、再婚は女性のほうがプラス志向のようです。その理由は二つあり、一つは新しい男のことを知る楽しみがあること、二つには新しい知識がふえる楽しみがあるからだ、といわれます。

これだけ見ても、女性は新しい生活を、あまり苦にしない性格であることがわかります。そしてここが重要なのですが、雑学は女性のほうが、はるかにたくさん持っている、ということです。

私はいまでも、女性の悩み相談をよく受けます。一種のセッションですが、いつでも驚くのは、雑学がとても広いことです。その理由は、男は好きなタイプを決めているのに対し、女性は常に新しいタイプの男性から誘われるからです。

ときには、外国人からも誘われるので、これによって、視界が広がるのでしょう。これは、いまの多様性の時代にとても合っている、ということです。

すでに東京はダイバーシティ都市になっており、多様性が溢れています。女性も多様化の真っ只中にいるだけに、これからの時代は、女性のほうが生活しやすいともいえそうです。

転職も苦にしませんし、新しい仕事にも、挑む勇気があるからです。むしろ男たちのほうが、うまくいかない生きものといえるかもしれません。

目標、願望の設定が中途半端すぎる

人生でもっとも重要な点は、目標をはっきりさせることです。結婚してもいいし、しないでもいい、と思っていたら、最良の結婚相手を逃がすに決まっています。あるいは、就職直前になっても「目標は金融だ」と決めずに、金融関係の企業を訪問しても、熱意が感じられずに不採用になるのは当然でしょう。ところが意外なことに、目標、願望の設定のできていない人がほとんどです。なぜ設定しないのかと問うと、「設定してもムリかもしれません」と、最初からあきらめ顔です。

こういう中途半端な人たちは、それなりの勉強をしていないことに尽きます。

作家の司馬遼太郎は、大阪外国語大学に入学する前、猛烈な読書欲に襲われて、近所の図書館に通い、全冊読んでしまった、といいます。それこそ小説から女性たちの読む実用本まで、片っぱしから読んで、幅広い知識と柔軟な思考を身につけたのです。

このときの勉強が、作家として面白い作品を書ける自信につながったことは、疑いようがありません。

何事にも中途半端な人は、自分自身に自信がないのです。若い頃の自信ですから、他人から見れば笑ってしまうほどの内容かもしれません。しかし「自分にはできる」という信念は、持つことにより実現されるものです。

試みに私の願望を書き出してみましょう。

■私が考える人生の生き方

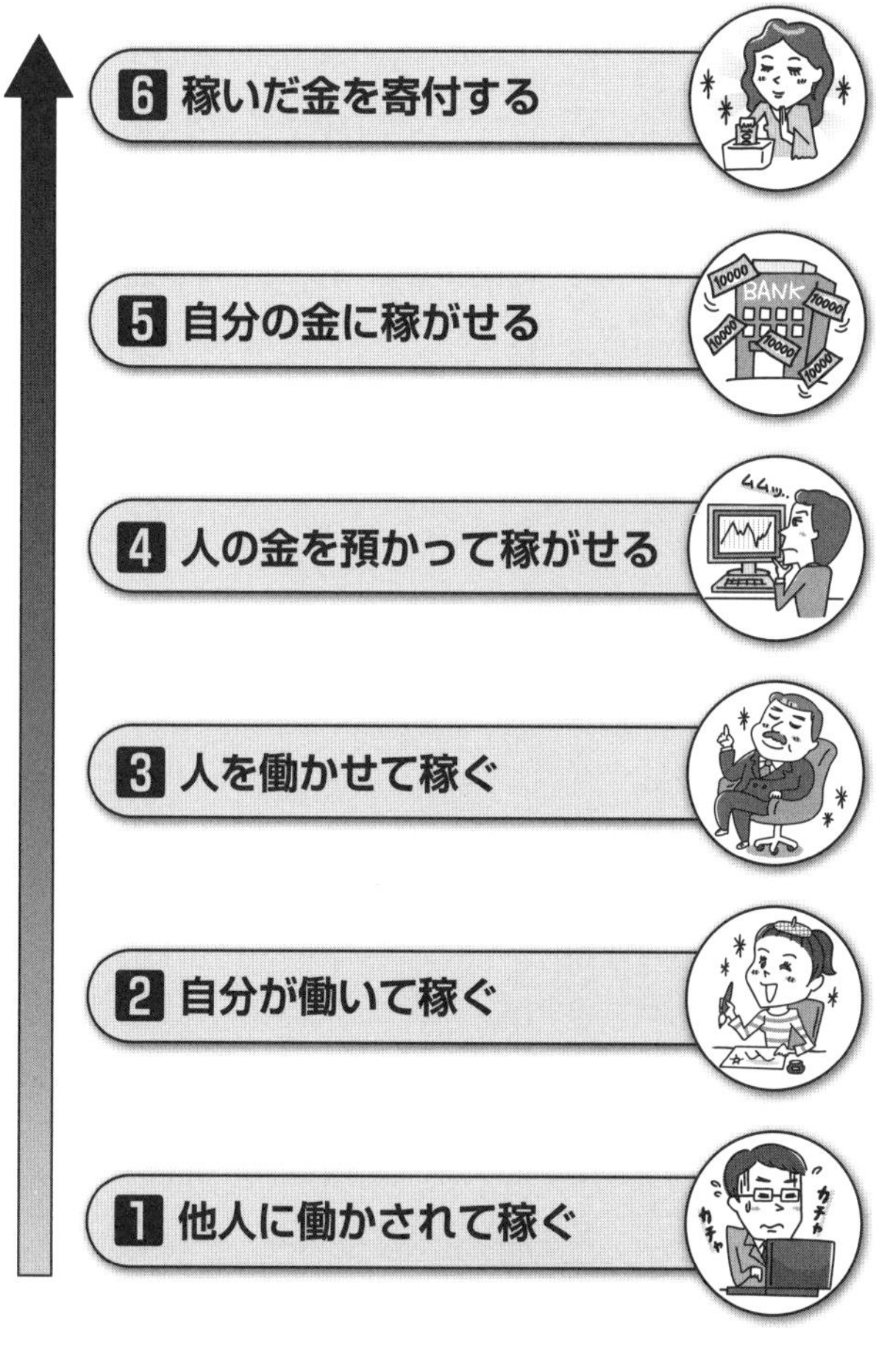

私は人生の生き方を、次の六つに分類して、最高の⑹を目標にしています。

⑴他人に働かされて稼ぐ
⑵自分が働いて稼ぐ
⑶人を働かせて稼ぐ
⑷人の金を預かって稼がせる
⑸自分の金に稼がせる
⑹稼いだ金を寄付する

まず⑴は、いわゆる勤め人です。会社に入るか、店舗で働くか——などは別にして、他人によって動かされる自分です。私はこの生き方では満足できませんでした。

⑵は、自分で働いて稼ぐのですから最高です。現実に私はこれによって収入を得ていますが、これだけでは不時の病や事故が不安です。

⑶は、会社、店舗などの経営によって、人に稼いでもらう方式です。これは全員の夢といっていいでしょう。

⑷は、人から金を預かって稼ぐ方式ですが、自分の会社の株を買ってもらうと考え

れば、できるだけ多いほうがプラスです。

(5)は、自分の蓄えた金によって利子を得る方法で、誰でも多かれ少なかれやっているものです。しかし、この額が大きくなれば、それだけで生活できます。世界の富豪たちは、この方式によって悠々と暮らしています。

(6)そして彼らは、それらの金を寄付することで社会貢献しています。

私は目標を(6)に置いていますが、果たしてできるかどうかわかりません。しかし目標設定したからには、私の全力を尽くして、実現するつもりです。

すると、頭脳もフル回転しますし、多彩な人脈もフルに活用しようとするでしょう。さらに自分の持っている多才力を、一層高めようと努力するのではないでしょうか？結果として、人間力も備わってきますし、一石二鳥になると信じています。

この努力をしない人たちは、いつまでも(1)に留まることになるのです。

自分の池から出られない人々

パーティなどに行くと、挨拶する前から名刺を用意している人がいます。話を交わしながら、自分と関わりがあると思えば、名刺を差し出すのがルールでしょう。とこ

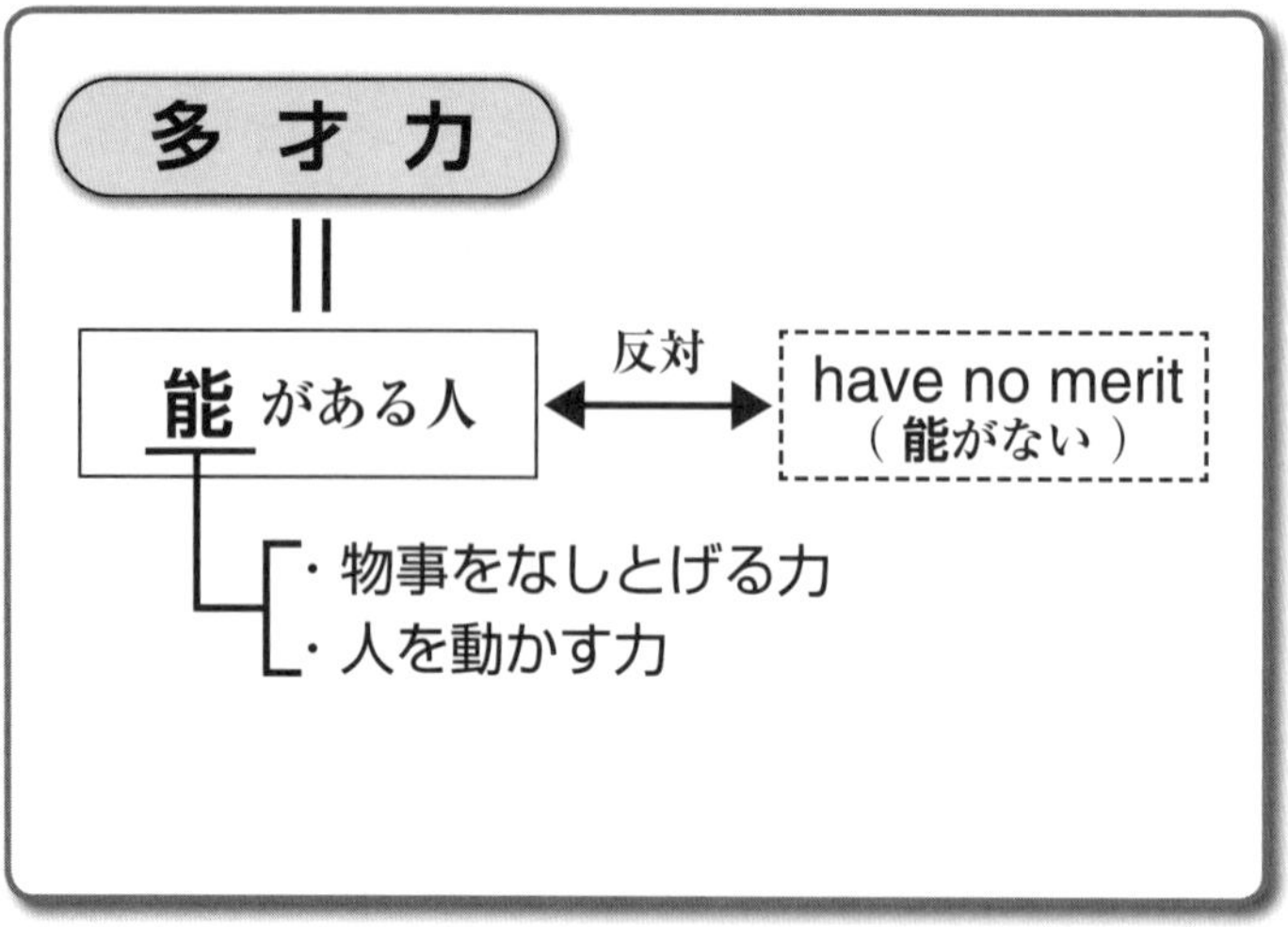

ろが誰に対しても、名刺が優先してしまうのです。

私はこういう人を好みません。なぜなら、名刺という池から離れられない人だからです。この種の人たちは、職場で働くときも、自分の机にへばりついて、部下を呼びつけます。池まで来させるのです。そのほうが安心だからですが、もう一つは、話題がないからです。

仕事の話しかできない、といえるかもしれません。こういう人にかぎって、飲みに行っても、上司や社長の悪口ばかりしゃべるもので、それ以外に能がありません。

多才力を別の言葉でいえば「能がある人」といえそうです。英語で「能がない」といえば「have no merit」ですが、付き合っていても、なんの利益も、取り柄もないのです。

もともと能とは能事、つまり「事を能《よ》くする」という意味で、物事をなしとげる力、人を動かす力のことだ、とある辞典に出ていますが、池から出られない人は、一言でいえば、人を動かせません。

それは当然です。戦争のとき、自分は陣地から頭も出さずに、兵士に攻撃を命じたところで、勝てるわけはないからです。

面白いことに、自分の池、あるいは自分の机から離れないような人は、「ぼくは」「おれは」という言葉を多発するそうです。

そういわれて、いろいろな会に出てみると、たしかにこれは当たっています。他人のことを聞かずに、自分の話ばかりする人は、意外に大勢います。

ではなぜ、自分の話ばかりするのでしょうか？ ズバリいえば、知識がないからです。知識のないのを隠すため、あるいは出された話題を広げるだけの材料をもっていないから、自分の話に戻すのです。

「それは面白いですね」

「そんな話があったのですか？」

たとえば、そういうあいづちを打てる人は、多才な能力の持ち主でしょう。その場その場で知識、情報を拾っていくタイプだからです。

そしてこういう人ほど、柔軟な頭脳を持っているに違いありません。

最近の調査を見ると「尊敬する歴史上の人物」第一位は、坂本龍馬です。その理由はさまざまですが、大きくいえば「池から飛び出た」という点でしょう。

土佐（現・高知）の片田舎から飛び出して、行く先々で知識を貯えて、最後は大政奉還という大事業を成し遂げたのですから、現代人にとっても英雄です。

うまくいった人たちは、必ず巣立ちをしています。世界の小澤征爾にしても、日の丸の旗と共に、日本を飛び去っています。

最近では『ユダヤ人大富豪の教え』の著者、本田健も、早稲田大学を中退して、アメリカに飛び出した一人です。

彼らが賛えられるのは、池から出て、危険一杯の空に舞い上がったからです。うまくいかない人たちは、なんだかんだと理屈をつけて、一歩も危険地帯に近づこうとしません。だから、その能力も知識も古いままです。こういう人たちには、絶対近づかないことです。

多芸多才を悪くとらえる人々

多芸多才を別の言い方にすると、どうなるでしょうか？　全方位型、万能、マルチ人間、という表現もできます。

あるいは、技芸に溺れる、浮気といった、悪いとらえ方もあります。日本では江戸時代の平賀源内が、多芸多才の代表となっているようです。彼の場合は本草学者、蘭学者、医者、作家、発明家、画家という、一人で一〇人分くらいの働きをしています。

土用の丑の日にうなぎを食べる、という食習慣をつくったのも彼ですが、これだけの業績を残していながら、それほど有名とはいえません。それこそ、知る人ぞ知る人物です。

それはどうしてでしょうか？

昔から多芸な人物は、日本の村落的社会にあって、高い評価を受けてこなかったからです。中には「便利屋」という一言で、都合のいいときには使う、都合の悪いときには、知らん顔をされる、という存在でした。

日本では古くから「一芸に秀でる」ことが求められたのです。この裏には「一芸」

には、勤勉、まじめという印象がついて回ったのに対し、「多才多芸」には、浮気、遊びという悪いイメージがつきまとっていました。

いまでもこの言葉をいうと、

「大分、遊んできましたね」

といわれることが多いようです。

しかし現在では、ゴルフが社交技術になってきたように、勝負事も趣味的技芸も、人脈を広げる大切な遊芸になってきました。

また昔から大企業の経営者の間には、柔道、剣道の有段者が多いことも、よく知られています。囲碁、将棋も経営の極意と関わりがあると見えて、達者な方が多いようです。

私は東京下町で育ったことから、町の老人たちに将棋を仕込まれたことが、大きなプラスになりました。新入社員で社長の将棋師匠となり、昼食をご馳走になっていたことで、社員の間から、羨望の声が上がったくらいです。

私にいわせれば「羨むくらいなら、自分も強くなればいい」という心境でしたが、うまくいかない人の多くは、自分を棚に上げて、他人を羨んだり、悪くいったりするものです。

それでは、なんのプラスも生まれないばかりか、結局、自分自身を小さくするだけです。

人にかわいがられるには、かわいがられるだけの理由が必要です。無芸多食、無芸多飲でかわいがられることはありません。

私は各社の編集者に、私のところに来るときは「土産を持ってきてほしい」と頼みます。この土産とは「街の話題」です。作家の側は常にアウトプットするだけなので、どんなことでもインプットしたい、と思っています。

そこで、せっかく来てくれるのだから、新しい話題、珍しい見聞を教えてほしい、と依頼するのです。これは編集者時代の私の習慣でした。こうすると、どんな人でも「櫻井くんは面白いから」ということで、時間をとってくれます。

またときには、将棋を教えることで、より一層親しくなることができます。多芸は、必ず自分を助けてくれるのです。

私の失敗は、茶の湯を学ばなかったことでした。もちろんいまからでもいいのですが、茶の湯を知っていたら、もっと人脈が広がったものをと、残念でなりません。

自分ができないからといって「あいつはゴルフばかりしている」などと、悪口はいわないことです。悪口をいう前に、自分の芸をふやすほうが、断然トクだと思うからです。

同じ業界人とばかり付き合っているから最悪

「それで、あれの件だけど、あのくらいでどうだろうか?」

これでは何のことやらさっぱりわかりませんが、同じ業界人同士とつき合っていると、これで通じてしまうようです。

同じ業界人だけでなく、同年齢の知り合いと話していても、似たようなことが起こります。わかり合っている同士とばかりつき合っていると、極端に視野が狭くなります。

いわゆる「談合」に関わっているような人たちは、自分の業界にはやたらくわしくなりますが、他のことになると、ほとんど無関心です。

それはそれでいいのかもしれませんが、長年にわたり慣れた部署から外されたら大変です。苦労は数倍にふくれ上がってしまいます。

視野を広げるには、さまざまな方法があります。

異業種、異世代、異性、異国人とつき合えば、視野は確実に広がりますし、新しい観点も学べます。あるいは異国から母国を見たら、一八〇度違った意見が出るかもしれません。

異国に行かなくても、国内旅行でも同じことになりそうです。

あるとき、以前の会社でビジネス書がまったく売れなくなったときがありました。このとき社長は、編集長に一週間、東北を旅してくるよう命じました。なぜ真冬の東北に旅行するのか、よくわからないままに出かけました。

ところが大雪の中を、青森の寒村の温泉宿に泊まった日に、自分のつくったビジネス書の広告が新聞に出たのです。

その広告を見た瞬間、社長が「東北に旅行に行け」といった真意がわかりました。その男はすぐ社長に電話して、明日帰る旨を伝えたところ、社長は大笑いして了承した、という話があります。

社長はビジネス書だからといって、東京の中心部だけでもてはやされるものではダメだ、ということを、編集長に悟らせたかったのです。

これは光文社の神吉晴夫社長と、のちに大ベストセラー、多湖輝『頭の体操』をつくった若き日の長瀬博昭編集長の実話です。ビジネス書だからといって、経済人や経済学者とばかり付き合っていると、視野が極端に狭くなるという実例ですが、私はこの話を非常に大切にしています。

私は企業人とのつき合いが多いほうですが、彼らの手紙の中で「弊社」と使う人は、あまり好きではありません。

公式文には弊社という文字は使いますが、自筆で書いている手紙の中で、弊社、小社、小職といった表現を用いる人は、頭が固いか、視野が狭いと思ってしまいます。いわばプライベートまで会社人間になりきっているわけで、話をしていても、ちっとも面白くありません。頭の構造がタテ型になってしまっているのでしょう。

日本経済新聞最終面「交遊抄」というコラムには、各方面の中堅どころの方々が、自分の友人関係を明かしていますが、ほとんどの人が、別業界の頭の軟らかい方を紹介しています。

それだけに大変参考になりますが、誰でも同じ業界人を挙げないところが味噌です。ここがうまくいく人といかない人の分岐点でしょう。

後楽型では若者はついてこない

いまの若い人たちは、先憂後楽型ではありません。「若いうちに苦労を体験するから、あとで安楽になれる」といったことをいっても、笑われるだけです。

謹厳実直型の高齢者は、こういった古いことわざをもってきて、若者を説教しますが、これでは若い人はついてこないでしょう。

たしかに現代は、若いうちに苦労したら、一生苦労することになりそうです。だから、若いうちに、できるだけ先に楽しんでおこうというわけで、私はこの生き方に大賛成です。

このことがよくわかるのは、寿司の食べ方です。中年男性以上は、おいしいタネを、あとで食べようとしますが、いまの回転寿司ではそんなバカな食べ方はしません。おいしいものから食べ始めて、おいしいもので食べ終わるのです。

仕事もそうで「しっかり働いたら、ボーナスを出すぞ」といっても、若者はあまり喜びません。なぜなら、現代は騙されるのが当たり前の時代だからです。

いまは「先にボーナスを出すから、しっかり働いてくれ」というほうが、やる気になる時代です。そしてこのほうが、信頼できる若者を選別することができます。

うまく若者を使えない人たちは、彼らの信頼をかち得られないのです。心理学の「投影の法則」ではありませんが、こちらが信頼しないことには、彼らも信頼してくれません。

上司という権威で信頼させようとしても、それはムリです。先楽タイプの人たちには、先に楽しいことを示さないことには、信頼が得られないからです。

この点、権威にこもる男では、いまの若者の考え方がわからないかもしれません。これは女性でも同じです。先にプレゼントをしないことには、いうことを聞かないでしょう。特にホテルに行ったあとで、プレゼントを贈るとなると、それはエッチの対価になるだけに、ときには「バカにしないでよ！」と、トラブルになるでしょう。

ところが先にプレゼントする場合は、単なる贈りもので、女性は別に何も警戒することもありません。そのあとで誘われたからといって、承知する必要はないからです。

この先楽型の若い男女とつき合うからには、こちらも相当幅広い知識を知っていなくてはなりません。

明石家さんまは現在五七歳です。それでいて若い芸能人たちを、自由自在に操る芸は、天才といっていいでしょう。私が驚くのは、その知識の豊富さです。

実によく勉強しています。彼の多才さは、ここでいうまでもありませんが、その多才さの裏には、知識の泉があるからです。

また最初の数秒で、相手を笑わせる芸は、先楽型の若者向きで、落語よりスピーディーです。落語はオチで笑わせるものですから、後楽型の典型です。彼は落語家でありながら、それにあきたりず、新しい笑いを創ったのは賢明で、いまの先楽世代の心を、がっちりつかんだのです。

これはさんまのような芸能人にかぎらず、私たち一般人でも真似すべきことです。若い人がついてこない、若い女性の心がつかめない、という人は、さんまの芸を、じっくり研究してみるといいと思います。

第2章

女性が社会進出で果たした変化

スペシャリストは女性が断然有利

女性が社会進出してくるまでは、まじめで実直、謹厳な男たちが、職場を支配してきました。極端にいうと、入社以来、一貫して同じ仕事に携わる男たちが、ザラにいたものです。

そこで一種の職人気質が生まれたのですが、新しい職種ができていくにつれて、彼らは職場から追いやられていったのです。パソコンが普及すると、女性たちがそれらの男たちの仕事を奪っていきました。

ひどい企業では、使えなくなった中年男子社員を子会社に出したり、やめない男たちには、一部屋にぎっしり詰め込んで、電話セールスをやらせているといわれます。

それでもやめたら、翌日から食べて行けなくなるというので、必死にセールスをするといいますから、涙なくして聞けない話です。

それというのも「一貫して同じ仕事」に携わってきた怖さです。現在のコンピューター関連会社に働く男性社員は、まさに次の犠牲者かもしれません。なぜなら、年齢が低いほうが、新しい知識と技術を身につけているからです。

それに、スペシャリストは女性が断然有利であって、もともと男には向きません。スペシャリストとは、基本的に守備型であって、それ以外に目を向ける必要がありません。

特にパソコンのように、椅子に座って指を一年中使う仕事は、女性に合っています。それこそ最近では「マイクロソフト　オフィススペシャリスト」という資格が女性にとても人気で、企業側は男子より給与が少なくすむ分、女性を使うことでしょう。かりに、こういった企業の方向を考えたら、スペシャリストではむずかしくなる、と男たちは思わなければなりません。

もちろん、スペシャリストにもさまざまな職種があるので、いちがいに不利とはいえませんが「男対女」という視点から、女性に仕事を奪われていく職種は何か？　と考えることは必要でしょう。

私が特にそう思うのは、編集という職業が女性に奪われたことを、実際に体験しているからです。

美的センスといい、取材力といい、文章力といい、デザイン力といい、女性のほうが平均的に上であることは、よく知られています。中でも指を使う仕事は、断然すぐれています。

どこの出版社でも、最近は女性のほうが使いやすく、優秀だといっています。このことをいち早く察知した男子学生たちは、早くから出版社を敬遠しはじめました。だから一層、男性編集者の力は衰えてきているのです。

このように、先見性に富む男たちは、のちのち不利な立場にならないように、あらかじめ計算しています。

もっと極端なことをいえば、大量入社させる仕事は、誰でもできるものであり、あなたでなくてもいいのです。ということは、入社一日目からリストラ候補だ、と思わなければなりません。中でも男女が交じっている職種は、男子が圧倒的に不利です。

いわば、女性の行動、希望がどこに向かっているかに、男たちの生き残りのヒントが隠されている、ということなのです。女性の踏み固めてきた道が広がっている、ということは、それだけ男たちの生きる道が狭まっているだけに、危うい方向には向かわないことです。男は、男同士で勝負しましょう。

華やかな才能に憧れを抱く女性たち

男と女の職業の選び方で大きく異なる点は、男は職種そのものを選び、女は「人と接する職業」を第一にあげます。

もう一つ大きな違いは、男はもともとサラリーマンになるのを当然と思っていますが、女は個人能力を優先します。女子中学生の憧れの仕事を見ると、女子アナ、歌手、女優、美容師、ネイリスト、看護師、保育士という個人職です。

女子の大学生になると現実的になり、上位は企業への就職になりますが、それでもブライダルコーディネーター、インテリアコーディネーター、教師、看護師、栄養士、トリマーなど、しっかり自分の腕で食っていく気構えが見てとれます。

ところが彼女たちでも本音はもっと華やかで、できるなら女子アナ、モデル、女優、歌手、料理人になりたい、という憧れがあります。女子中学生ではベスト11位にキャバクラ嬢が入った、というので一時話題になりましたが、女子の大学生でも憧れではありませんが、仕方なければキャバ嬢になる、という人は大勢います。

これは女性の深層心理の中に、目立ちたい、美しさをほめられたい、男性に選ばれたい、という欲望が渦を巻いているからでしょう。

すると、彼女たちの憧れの男たちは、同じように、華やかな才能を持つタイプに集中していくのです。

かつて日本が連合軍に負けたとき、いわゆる進駐軍の兵士たちと仲よくなった日本女性が大勢いました。このとき、多くの人たちは「日本人の恥だ」と嘆いたものです。しかし、それは女性心理を知らない男たちであって、女性には敵も味方もなく、華やかな能力の男に引き寄せられる習性があります。なぜなら自分を華やかにしてくれる実力があるからです。

私は長年女性誌の編集をしてきましたが、年々、彼女たちの憧れの男たちが変化していくのです。

ある年は医師であり、ある年は青年実業家、さらに芸能人、機長、プロ野球選手とつづき、近頃では弁護士、お笑い芸人、歯科医、俳優、サッカー選手が人気の的です。

これらの職業の人たちは、収入が高いこともあって、多彩な生活を送れそうです。ここで重要なことは、女性は、これらの憧れの男たちの「奥様」になりたいわけではありません。

有利な結婚をすると「奥様になる」と思うのは男たちであって、女性たちはここがちょっと違います。

いわゆる社内の出世コースの男と結婚した女性は、たしかに上品な奥様になっていくのですが、華やかな職業、巨万の富を持っている男たちと結婚したいと狙っている女性たちは、夫のバックアップのもとに、自分の才能を大きく広げたい、と考えています。

独身でいるより、もっと自分の才能を広げるチャンスに恵まれる、と考えているのでしょう。一番多いケースは、ファッションブティック、エステサロンなどのオーナーになる女性が、非常に多いのです。

また、美術品や高級アクセサリーを扱う店や、しゃれたレストランの経営者も、彼女たちの夢です。

実際、これらの道に進んだ女性たちで成功する人は、結構多いようです。

話題が豊富でないと、女性を束ねられない

最近は女性のダイバーシティ（Diversity）が重要になってきました。ダイバーシティとは多様性をいいますが、多様な仕事、あるいは使命感をもたせよう、というものです。

しかしそれは、かけ声ばかり大きくても、実際は企業が乗り気ではありません。それはなぜでしょうか？

肝心の指導、推進側の男性側に、女性を活躍させる力がないからです。いや活躍さ

せる前に、女性と会話が通じないのです。

それは男という生きものが、大から小を考えるのに対し、女性は小から大に上がる種族だからです。これを総体（大）から主体（小）と考えてもいいでしょうし、理論と実際と分けてもいいでしょう。

これをわかりやすくいうと、男は「会社へ出かけて行く」と考えるのに対し、女は「会社から帰る」ことを主眼として考えます。

男の頭は仕事で一杯ですが、女性は仕事を離れたときのことで、頭が一杯です。なぜなら、家事、家事を男たちから任せられているからです。

もし家事、育児を半分手伝ってくれるのなら、女性は頭の中を仕事で満たすことができますが、現実には80％近くの男性たちは、家事を手伝いません。

だから、女性の頭は仕事の話題だけでは、満足できないといわれます。かりに仕事中でも、他人の噂話に首を突っ込みますし、彼のことを思い出すこともできるのです。

こんな女性たちが職場に大勢いるとなると、束ねるだけでも容易ではありません。恐らく苦手な人たちもいるのではないでしょうか？

ともかく仕事の話しかできないようでは、女性たちにバカにされるだけですし、それこそ女性たちのダイバーシティなど、夢のまた夢です。

女性の活用法について、ときどき他人の講演を聞くことがあります。ところが中身はとても濃いのですが、肝心の話し方が単調で、女性の目を輝かせられません。

その理由は、会社側にとってプラスの話ばかりであり、そんなことを毎日していたら、自分の家が崩壊してしまいます。

そこで「ワーク・ライフ・バランス」の問題になるのですが、私にいわせると「ライフ・ワーク・バランス」でないと、女性は興味を持ってくれないのです。

一見すると似ていますが、実際には大違いです。総体と主体のバランスではなく、主体と総合のバランスが、彼女たちの大事なのです。

仕事中心の「男働き」を女性に押しつけては、誰もそっぽを向くでしょう。「女性働き」をいかに高めるか、そのためには、女性の話を聞き、反対に面白い話をしてやり、この男性はステキ、と思わせなければなりません。

そのためには、女性が好みそうな話題を網羅しなければならないのです。かりにそうなれば、男としての魅力も増していき、どこでも講義、講演ができるようになります。

そのための方法として、三〇分で少なくとも二、三回は女性を笑わせなければダメです。女性を笑わすことができる人は、どんな仕事でも上に立つことができます。つまらないまじめ人間では、肩叩きに出合うことになりそうです。

女性に助けてもらう男になろう

いまの世の中、どんなに実力があっても、誰かの助けを借りなければ、なかなかうまくいきません。

一人よりは二人、二人よりは三人のほうが安心です。「三人寄れば文殊の知恵」ではありませんが、思いがけない情報やチャンスが出てくるからです。

特に東日本大震災で身寄りを失った方は、このことを経験で知っています。ある人は「会話の重要性」を指摘していました。

「知恵も知識も一人でいたのでは、出てこない。誰かと話を交わすことで、出てくるのだ」

たしかに、小さい子供と話していて、逃げ道を考えついた、という人もいたようです。

ビジネスの世界もまったく同じです。どんなに地位のある男でも、女性秘書によって助けられることもあるはずです。

実際、多くの経営者の頭脳は単純で、仕事以外のことになると、ほとんど話材を持っていません。それは当然で、「月刊文藝春秋」「日経ビジネス」「プレジデント」、「ダイヤモンド」「東洋経済」「週刊朝日」といった雑誌と、新聞数紙の情報と知識しか持っていないからです。

単行本も司馬遼太郎、大前研一、堺屋太一以外は、ほとんど海外の翻訳経営書ですから、多彩な話題が出てくることにはなりません。

こんなとき、女性社員や妻、娘の知識を借りると、ぐんと視界が広がるはずです。たまたま例として経営者を出しましたが、社会に出た男たちは、老いも若きも似たようなものです。

昔から「男は文明、女は文化」という言葉がありますが、文化力は女性に到底かないません。全国どこの文化会館、展覧会場、音楽、演劇劇場でも、七割は女性の入場者であり、歌舞伎など、男の姿はチラホラです。

私は若い頃から「櫻井牧場」という名称で、八人の女性を身近に置いています。それぞれ仕事や職業、それに年齢が違いますが、彼女たちの知識力、情報力によって、編集長生活を無事つとめることができました。

学生、OL、主婦、デザイナー、海外航空CA、銀座ホステス、女優、それにもう一人は、その時代のトップ職業の女性を入れていましたが、これだけの女性たちから集まってくる最新情報は、私を大きく助けてくれただけでなく、トップ週刊誌の編集長にまで、もち上げてくれたのです。

それだけでなく、私を「女学の神様」にまで育ててくれた恩人たちです。いまでも、私の周りには世代は交代していますが、何人かの優秀な女性たちがついてくれていま す。

古い男たちは、男と女の関係というと、すぐあっちを思い出すようですが、それだから、時代に合わなくなるのです。

また女性と付き合っていると、妻に疑われると怖がる男性も少なくありません。そうだとしたら、妻も一緒に巻き込んで、食事をしてもいいのではありませんか？

その点、アメリカをはじめとして、ヨーロッパ各国の家庭は、自宅パーティが盛んです。これが彼らを若々しく保つ習慣だと私は思っていますが、できるだけ女性と一緒の時間をもつだけでも、さまざまな知識が加わります。

その時間が多くなればなるほど、いまの社会で必要な人間になれるのです。

女性を笑わせられれば、実力がなくても

なぜ同じ日本人でありながら、いまの若い男女は、古い人たちと驚くほどの違いがあるのでしょうか？

一番の相違点は、身体能力です。もともと女性は踊り、ダンス能力を備えていますが、男性は柔軟性が欠けているため、スピードのある踊りは苦手でした。

ところがどうでしょう？

近頃のストリートダンスは、若い男たちのほうが、女性を上回るすばらしさです。これは「女は腰を使い、男は肩を使う」という、歩き方の基本を引っくり返す、初めての出来事です。

これに対して、長距離走に弱かった女性たちが、ラクラクとマラソンに挑んでいます。以前にはマラソン種目に女子マラソンがなかったといっても、誰も信じないかもしれません。

現在では、仕事でも遊びでも、男にできて女にできないものはほとんどないでしょう。このことは、男たちにとって相当重要です。人生上の優位性がなくなってしまっ

たのですから。

歴女、山ガール、写ガール、釣りガール、仏女など、いまの女性たちの趣味は、まったく男たちと同じで、むしろ無趣味な男たちを、抜いているかもしれません。また家具や電気器具の組み立ても、男顔負けの器用さです。こうなると、「当分、結婚したくない」という女性がふえても、「当然だ」と思ってしまいます。

話術はもともと女性のほうが上です。男が使う一日の言葉数は約一万語といわれていますが、女性はその二倍です。

以前は二万語を用いても、噂話や愚痴、不満といったマイナスイメージの話題が多かったものです。それは家庭、夫婦、バイト、女性同士、という狭い範囲でのおしゃべりが多かったからですが、いまでは大違いです。

専業主婦になる女性は、むしろ少数です。一生仕事を持つ女性が激増し、男たちと実力を競うようになってきたのですから、話す内容は社会的になってきました。

もともと家庭内のプライベートゾーンの話題は、女性の得意分野であり、そこに社会性が加わったのですから、話の内容は、男たちをはるかに凌ぐようになりました。

これらの女性たちを心服させるには、相当広い話題を持っていなければならないでしょう。それも知ったかぶりをするような男、ユーモア精神のない男、女性をどこかで低く見る男の三タイプは、尊敬されることはありません。

それは離婚の激増でもわかりますが、それより再婚したがらない女性がふえているほうが問題です。

再婚の場合は、やや年齢が高くなるため、子供をつくる率は減ります。その分、男性の人間的魅力が大事になってくることになり、仕事の話しかできない男たちは、敬遠されることになるのです。

もっとわかりやすくいうと、笑わせる才能のない男たちは、お呼びではありません。仕事上の実力より、笑わせる題材や話術の持ち主のほうが、女性の評価は高いのです。それは当然で、仕事は直接関係ないからです。それは収入となって表れるものであり、話術、話題は女性の日々の生活と直接つながっています。その広がりの範囲こそ、女性にとって、もっとも大事なものなのですから。

女性の結婚願望は「心の広い男性」

女性にいわせると「男はなんでも広がりのあるほうがいい」ようです。

人脈はもちろんですし、話題もそうです。食の趣味はなお一層、広い男性が歓迎されます。和食しか食べない、といった男たちは、必ず敬遠されます。

なぜなら、女性は毎日の食卓の献立に苦労しているため、なるべくいろいろな料理のメニューを知りたいからです。

このことに気がつく男たちは、そう多くありません。おいしいものを食べさせれば、それでいいと思っているからです。その考え方だと、次第に食の範囲が狭くなってしまいます。

女性は経験しないものを経験したい、という生きものなのです。その点では、男と較べものにならないくらい大胆ですし、勇気があります。

わかりやすい例では、外国人との結婚は、男たちよりはるかに多いことです。その点、男たちのほうが臆病で、外国人女性との結婚には及び腰です。

私は自分でいうのも気が引けますが、高年齢になっても、女性にモテます。若い時期と同様、八〇歳を超えていても、モテ方は衰えていません。それはなぜでしょうか？

すべてに広いからです。

女性の希望であれば、自分の気に添わなくてもＯＫしますし、なんでも許容します。自分から「イヤだ」とは、まったくいいませんし、むしろ初体験を歓迎します。

女性にとってみれば、そういう男は理想的だけに、年齢などなんの関係もありませんし、障害にもなりません。かえって、これまでの広い経験を聞きたがったり、自分もそれを経験したがります。

つまり、多彩な私の経験が、彼女たちの憧れになるのです。もちろん経験だけでなく、知恵と知識も欲しがります。なぜなら、私と付き合えば付き合うだけ、大人の女になれるからです。

これは私の例ですが、多分誰でも同じでしょう。現在私は、経営者のために「必修！　女性学講座」を開いていますが、一番大事な点は「性差学」を知ることです。

そしてそこが重要なのですが、男たちはほとんど、「女性は男と正反対の考え」を持つ、と思っています。これで女性がわからなくなってしまうのです。

簡単なことでいえば、男がもっと勉強したいなら、女性も同じであり、男が仕事で成功したければ、女性だって成功したいのです。

男と似ていながら、まったく男と正反対の考えを持つ——このことに気がつけば、結婚相手はいくらでも出てきますし、遊び女友だちも、目の前に現れるかもしれません。

しかしそうなるためには、すべてに広くなければなりません。心が狭い、考え方が狭い、生活が狭い、人脈が狭い、趣味が狭い男たちでは、いまの世の中には通用しないのです。

人相学では、鼻の両脇から下に向けて出る線を法令といいます。法律を命令する線という意味ですが、この法令に広がりがあれば、非常に心の豊かな人物です。

両口端に落ちている線では、心が狭く、ただまじめだけが取り柄です。いまの時代は、このタイプの男は、誰からも喜ばれないでしょう。一度鏡で、じっくり観察してみてはどうでしょうか?

なぜ女性は多様なセックスの持ち主が好きか?

日本には長い間、ハレ(晴)とケ(褻)という慣習が根づいていました。儀式や祭りなどを行う「非日常」と、ふだんの生活である「日常」とに時間が分かれて、それによって行動も着るものも、みごとに違っていました。

いまであれば週に二日の休日はふつうですが、昭和の初期まで休日は、盆と正月の二回だけ、という職場が多かったものです。また日常、働くときはほとんど、男も女もねずみ色の地味な着物を着ることが多く、それによって「百ねず」といわれるほど、ねずみ色が発達したものです。

いまでも男の和服には、銀鼠《ぎんねず》、利休鼠《りきゅうねず》、濃鼠《こいねず》、葡萄鼠《ぶどうねず》といった種類が使われています。

女性たちは、このねずみ色、グレーという色に、それほどいい感じをもっていません。なぜなら、面白みのない色、あるいは人という、反感のようなものを抱いているからです。

それこそ「働いて帰ってきたら、食べて寝るだけ」という男性は、女性にとって、なんの楽しみも面白みもないタイプだからです。

それでも単純労働型の夫は、子どもの多い家庭においては、喜ばれたものです。稼いで帰ってきてくれたからです。

ところが現在はどうでしょうか？

男女関係、夫婦関係には「楽しみ」が最優先になってきました。少子社会になったからです。外出の楽しみ、外食の楽しみ、セックスの楽しみ、ぜいたくの楽しみなど、楽しみの種類をたくさん持っている男性ほど、女性の憧れの対象になってきました。

楽しみを与えてくれるなら、それは夫でなくてもいいし、それこそ行きずりの男でもよくなってしまったのです。

不倫といっても、結婚生活を破壊するわけではありません。ときには、遊びの男から教えられたテクニックで、夫を歓ばせることができるとすれば、それは結婚生活に大きなプラスとなります。

以前であれば、女性でも童貞の夫を欲しがったものですが、いまでは、そんな女性は誰一人いないでしょう。男性でも、処女の妻を期待しているタイプはいないくらいです。

つまり、いまの時代は、なんであれ、自分たちで築くものではなくなったのでしょう。それこそ企業でも、自分のところで研究するより、買収合併する時代です。

ともかく女性にとって、手っ取り早く楽しみを与えてくれる男性が欲しいのです。それこそ毎日毎回、同じ体位でされたら、女性は逃げ出してしまうでしょう。

それではセックスの楽しみなど、なくなってしまうからです。

かつて、日本が誇る粘菌学者の南方熊楠は精力絶倫だったため、松子夫人は実家に逃げ帰ってしまったことがありました。

このとき熊楠は実家の門の前で「あれだけ、睦言を交わして愛したではないか！」と語りかけたとか。このとき「喃語《なんご》」という言葉を熊楠が用いたことで、のちに「喋々喃々《ちょうちょうなんなん》」という、寝物語の表現ができた、と熊楠の伝記で読んだことがあります。

松子夫人の時代には早すぎたのかもしれませんが、いまだったら女性は大喜びでしょう。ともかく、いかに女性を楽しませるか、多様なテクニックを持つ男性のほうが、男女関係では勝利を得るのです。

第3章

文化混在社会になった日本では

一人でいくつもこなせる人間になろう

テレビを見ていると、いつの間にか人気者が変わっていきます。この数年間だけでも、なべやかん、つぶやきシロー、テツandトモ、ふかわりょう、ヒロシ、三瓶、ダチョウ倶楽部といったお笑い芸人が、いなくなっています。

ところが、お笑いから出ても、司会役で長く活躍しつづける芸人も少なくありません。結局それは、芸の広さと知識量の差でしかありません。

そのトップに立つのが、たけしです。漫才からスタートして、いまや司会者、俳優、映画監督、作家、芸術家として、世界的なエンターテイナーといっていいでしょう。

彼と較べるのはかわいそうですが、ビートきよしは、ビートたけし時代の相棒でした。しかし彼の略歴を見ると、俳優、お笑い芸人の二つしかありません。

以前の芸人中心時代であれば、これでもやっていけましたが、いまのテレビは、東大、京大卒の芸人もいるくらいで、視聴者も多種多彩です。

それこそAKB48だから若い世代のファンが多い、とはかぎらなくなっています。同じように政治家でも、男の有権者によって当選する時代ではありません。

いわば文化が混合、混在する時代になってきました。

これまでは「男は文明、女は文化」といって、棲み分けられていたものが、そう単純に区別できなくなってしまったのです。大学の学部にしても、多くの大学で新学部が設置されていますが、文学部、工学部、法学部といった三語で表す古い学部など、それこそ誰も行きたがらないでしょう。

私の手元には、各大学教授の名刺が何枚もありますが、肩書きが長ったらしくて、なにを研究しているのか、教えているのか、さっぱり見当がつきません。

それだけ複雑な社会になってきているわけです。

作家という職業も、以前でしたら小説家でした。ところが現在では、小説家も含んでいれば、ビジネス本のライターも作家です。極端にいうならば、一冊書いただけでも、作家の肩書がつきます。

反対にいうならば、小説だけ書いているような作家では、長く食っていくわけにはいかなくなってきたのです。なぜなら、お笑い芸人と同じように、あとからあとから新人が出てきます。よほど面白い作品を書いていかなければ、たとえ芥川賞作家であろうとも、生活保護を受けなければならないでしょう。

テレビ芸人がテレビ出演を締め出されて、仕事を失っていくように、文芸誌だけに寄稿する作家も、誌面から追い出されていくのです。

現実に、文芸誌の編集部に、かつての芥川賞作家から電話がかかってくると「出かけている」といって、電話に出ないことが多い、といわれています。売れなければ、かつての栄光の肩書は何の役にも立ちません。

むしろ、小説だろうが、ビジネス書であろうが、スピリチュアル本であろうが、何でもこなす上に、講演やセミナーで大勢のファンを集める作家のほうが、いまの時代には合っているのです。

こなせるものであれば、イヤとはいわずに何でも挑戦するタイプこそが、時代の寵児として、長くやっていけるのです。

ちょっぴりでも英・中・韓をしゃべる

すでに楽天では、社内公用語を英語にしただけでなく、社員にＴＯＥＩＣ受験を義務づけています。ユニクロも義務と位置付けられていますが、これに対し、さまざまな声や批判も出ています。

しかし、これからますます海外へ進出する企業がふえる一方です。この小さな国で外国語を話せなかったら、外に出ることができません。

英語だけでなく、中国語であろうが、韓国語、タイ語であろうが、話せなかったら、それだけで、ビジネスチャンスを失うのです。

私は東京外国語大学の出身ですから、世界のさまざまな言語を耳にしてきました。私はロシア語専門ということもあり、この長ったらしい言葉を話すのはむずかしかったのですが、それでも数年のうちに、翻訳できるようになっています。

特に若いうちは、語学はそうむずかしいものではありません。子どもでもしゃべるのですから、大人にできないはずはないのです。

ただ男たちは、日本語でも満足に話せない人も多いだけに、語学は苦手意識があるのでしょう。

その点、女性はいとも簡単に、外国語をモノにしていきます。母校の大学にしても、いまは東京女子外国語大学といっていいほど、女子学生が溢れています。

そこから考えると、これからの時代の外国語は、女性のほうが合っているのかもしれません。その女性に負けないためには、一カ国語に堪能になるよりは、ちょっぴりずつでもいいですから、三カ国語、四カ国語をしゃべれるほうがいいでしょう。

というのも、いまは不確実性、流動性の時代であり、それこそ昨日まで日本企業だったものが、今日には韓国企業の傘下に入ったり、もしかすると明日には、中国企業に買い取られるかもしれません。

それこそ往く道は、そう単純ではありません。

こういう時代を巧みに楽しんでいく、フラックス（Flux）世代がふえてきました。彼らは日本で稼いだ金を持って東南アジアに行き、のんびりと遊んでいるうちに、語学を取得してしまっています。

私は多くの宗教教団に知人がいます。古くからある宗教は、日本を中心に発展してきました。ところが新しく大きくなった教団は、次々と諸外国に進出しています。丁度何百年前に、キリスト教が世界に教勢を拡大したのと似ています。そうなると、まずその国の言葉を話せる人材が必要になります。

よく聞いてみると、大国に教義を広めるより、中小諸国に広める教団のほうが、ずっと多いのです。その中小諸国にしても、やや経済的に後進国だそうで、そんな国の言葉を話せる日本人は、そう多くはいません。

それだけに、貴重な人材だといいます。これと似て、日本企業も後進国ほど賃金が安いので、工場進出を図っています。

そんなとき、ちょっぴりでも現地語をしゃべれたら、さぞかし有利だと思います。

フラックス世代はアメリカにも多くいるといいます。昔風にいえば流れ者ですが、いまはこういう人材のほうが使えるのです。

私の友人たちは、その昔、国際文化会館に通って、多種多様な外国人と付き合って語学を勉強していました。いまはそれよりずっと簡単に話せてしまうのです。

独身だったら、なお多芸が必要になる

私の周りには独身が大勢います。それぞれとても優秀な人たちで、起業を考えている人も少なくありません。

逆にいうと、優秀すぎて、バカのできない人が多いようです。

そういうと、テレビでバカをやっている男たちが多いではないか、といわれそうですが、それらは単に人を笑わせるバカな言葉や行為であって、自分がソンするバカではありません。

たとえば若いうちに女性に入れ揚げたら、中年以降、女性で失敗することはなくなります。そしてその失敗によって、女性を歓ばせる芸が身につくものです。

直木賞作家で人気のあった色川武大《たけひろ》という男がいました。別名を阿佐田哲也といい、

麻雀の天才ともいわれました。伊集院静は『いねむり先生』という作品で、色川のことを書いて評判になりましたが、色川が二四、私が二二歳の社会人一年生のときから、二人は一緒でした。

私たちは二人とも、父親が四四歳のときの子ということで、妙にウマが合い、私が光文社の「面白倶楽部」、彼が桃園書房の「小説倶楽部」に入ったことで、彼が私の兄貴分になったのです。

ところが私が大学を卒えて、一種のエリートコースで出版界に入ったのとは違い、彼はすでに小学生時代から浅草の映画館や寄席に熱中し、中学を終えると、闇屋、街頭の立ち売り、それにやくざの生活に片足を突っ込んでいたのです。

この頃、食うために麻雀をやっていたのですが、その腕はみごとで、同じ作家で芥川賞をとった五味康祐といい勝負でした。

その五味康祐も二七、八歳頃は神戸でやくざ相手に、麻雀をしていました。五味はのちに私の仲人になりましたが、二人とも多芸という点では、甲乙つけがたいものがあったのです。

この二人が戦後の出版界で寵児になったのは、この独身時代のバカな生活がプラスになったからでした。

ここまでの荒れた生活は、戦後の日本の世相だからできたことですが、それでも独身生活だからできる、という遊びは、いろいろあると思うのです。

現在人気の歌手たちでも、学生時代に音楽に凝った一時期をもっていましたし、それこそ学生易者になって、ホステスのヒモになった有名人もいるくらいです。

私のかつての部下は、昔のキャバレーや風俗店の呼び込みをやっていました。ところがそこから、商売のコツを摑んで、会社をつくり、成功させています。

多才、多彩といっても、知的なものだけではありません。バカといっては悪ければ、ソンの道を歩いて、多岐な芸を身につけることもあるのです。むしろそういう人のほうが、これからはうまくいく気がします。

医療にスピリチュアルも加わってきた

男たちの多くは、年と共に頑固になっていきます。私にいわせると、頑固さによって実年齢が測れるのではないか、とさえ思えるほどです。

健康法にしても「ジョギングすれば若返るんだ」と信じてしまうと、そればかりやっていますし、「一日一食だと若返る」といわれると、がんとして二食は食いません。

最近は明治大学が学生たちに人気です。これは早稲田、慶応よりワンランク下がるものの、彼らより幅広い人脈がもてる上に、さまざまな商売のできそうな実学主義の点が、評価されているような気がします。

恐らく明治の卒業生のほうが、多方面に散らばるでしょうし、その多才ぶりは、右下がりの日本経済の中でも、かえってうまくやっていけそうな気がします。

「女性は目に見えないものを信じるが、男は専門家を信じる」といわれますが、医学方面でもそうなりつつあります。

医学の世界は、すでに西洋医学一辺倒ではありません。多種多様な東洋医学が混在してきましたし、これまで医学と認められない療法も加わってきています。

政府が強力に推進している、統合医療がそれです。

これまでの日本の大学医学部は、ほとんど西洋医学を基礎に置いてきました。ところが中国の発展に伴ない、東洋医学の地位が向上し、漢方、鍼灸、気功、ホメオパシーといった分野の人気が高まってきました。

私たちも、なんでも薬を投与する西洋医学を、怖がるようになってきた面もありますが、現実に鍼灸、気功などの実績が認められてきたことも大きいでしょう。

このほかに断食療法や瞑想、磁気療法、オゾン療法といった、医学とは直接関係なさそうな治療法も加わってきました。さらにはスピリチュアル療法として、ヒーリング（心霊療法）やレイキも効果がある、といわれています。

これらは何を意味するのでしょうか？

頑固な固定観念をもちつづけていたのでは、助かる命も助からない、ということです。

面白い話があります。

日本人はもともと縄文人と弥生人から成り立っていることは、よく知られています。この二つの民族は南方系と北方系によっても、暑さと寒さの感覚が違い、それによって汗腺や鼻の穴呼吸にも影響を与えています。

ところがここに来て、この地球には、もともと地球人というべき人種と、他の惑星からやってきた異星人とが混在している、という説が出てきました。

このうちの異星人には、地球人にない特殊な能力がある、というのです。つまりスピリチュアル能力、たとえばチャネリングなどは、この人たち独自の技術であって、だから、地球人にない特殊な力を持っているのだ、というわけです。

私には、これが正しいかどうかはわかりませんが、ニューエイジに突入したことによって、霊性が復興される、ということのようです。西洋占星術では、二〇〇〇年ぶりに魚座から水瓶座時代《アクエリアス》になったということで、特にアメリカでは、新しい人類のライフスタイルが提案されています。

日本でも宇宙は唯一つであるという「ワンネス」の考え方が普及してきていますが、頭の固い男たちでは、理解できないかもしれません。

しかし、根本的にいえば、西洋医学一辺倒の時代は終わり、統合医療という、多方面、中でもスピリチュアル療法まで加わった医療の時代に入ったことはたしかです。

そこには、これまでまったく聞いたことのなかった「霊性」という言葉が入ってきています。そのことは、すでに政府が認めたものだけに、もう少し熱心に、勉強してもいいのではありませんか？

ネットが自分発信の原点になった！

これまでは有名人と無名人に分けられており、有名人だけが自分という存在を、テレビやラジオ、新聞、雑誌、書籍などによって発信してきました。

それがネットの発達により、フェイスブックでは、無名人も有名人と同じように、自分発信ができるようになったのです。

中にはそれにより、自分も有名人になったように錯覚している人もいますが、ある意味では、有名人も無料原稿を書いているわけですから、同等といえないこともありません。

あるいは、書店で有名人の本の隣に、自分の本が置いてあるような快感を味わえる、ともいえそうです。

それにしても、まったくの無名人に対して「いいね」ボタンが押されたり、友だちが何千人もできるのですから、自信を持っていいでしょう。

もちろん中には、ただ見物しているだけの客もいますし、有名人でも、まったく発信しない人も少なくありません。私はどちらかといえば、積極的に発信している一人です。

その理由は、バーチャルであっても、多種多様な人たちと接触することで、新しい考えがわかりますし、ときに熱烈なファンになってくれる人たちもいるからです。

またどのくらい私の原稿を読んでくれるのか、さまざまな実験を行なうこともできます。さらに私のような高齢作家の場合は、次の世代のためにも、自伝的なものを残しておきたい、という欲も出てきます。

こういった考え方は、有名人と無名人では少し異なるでしょうが、それにしても、自分発信の一つの原点であることは間違いありません。

またフェイスブックだけでなく、ブログやメルマガ、電子書籍といった、やや高度な発信舞台を使えば、無名人が一夜にして、有名人になることも夢ではありません。

そのためにはバーチャルでも、友人をふやしておくことはソンではないでしょう。そして何より、小さい個人だった人が、伸び伸びと意見をいうことにより、多彩な能力をかちうることになるのです。

起業仲間に出会えることもありますし、同じ趣味の持ち主たちと付き合えるチャンスにも恵まれます。

私の長年の経験では、現実の世の中では、意外に臆病な人が多いのです。

「それだけ書けるなら、勝負してみては？」

といってみても、

「私ごときがそんなことを……」

と、尻込みする人がとても多いものです。

「私なら思いきって勝負するのになあ」と思うこともしばしばですが、こういった人たちにとって、バーチャルな世界は、住み心地がいいはずです。

どんな意見でも出せるわけですから。あるいは、意見を出すのではなく、他人の意見や仕事ぶりを観察していても、自分がどのレベルにいるか、ある程度知ることもできます。

これまでは、他人の意見や感情は、雑誌や新聞などの読者欄でしか、知ることができませんでした。ところがネットの発達によって、瞬時に意見が返ってきます。

ユーストリームは、刻々と入る意見によって、こちらの発言を変える力さえ持っています。無名と有名の境をなくすネットは、ぜひ活用すべきです。

それだけ新しい情報が、瞬時に入ってくるのですから、多機能人間にならざるを得ません。

多才眼がないと、たちまち潰される時代

書店に入ると、金儲けの本がズラリと並んでいます。一見すると、その著者は億万長者のように思えますが、実はもう一文なしになっているばかりか、多額の借金を背負っている人もいるのです。

金融ほどむずかしいものはありません。ついこの間も、ある投資家と話していたら

「一〇年ほど前に郵便貯金の定期に預けていた人が、一番儲かっていた」と笑っていましたが、金儲け本の著者の現実は、それどころではありません。

本は売れても、投資した金はスッカラカンになっている、という泣き笑い状態なのです。

いまのようにギリシャが財政破綻状態になると、その辺の投資コンサルタントでは、多才眼がないため、どうしていいか、わからなくなったのです。

アメリカ最大の投資家といわれるウォーレン・バフェットは、年に一回だけ希望者とランチをして、それなりの情報を与えるといわれます。

このランチ代が毎年オークションにかけられるのですが、二〇一二年は約二億八〇〇〇万円で、あるヘッジファンドマネージャーが落札しました。つまり、利益を得ようとするには、それくらいの投資をしなくては難しい、ということです。

このバフェットさんには、たぐいまれな多才眼が備わっているのでしょう。

よくいわれる「人の行く裏に道あり　花の山」は、投資用語ですが、これも一般社会に当てはまると、私は考えています。

たとえば、これまでは中国が脅威でしたが、アメリカと並ぶ二大強国になると、そう危険なことはできなくなり、代わって韓国が日本にとって怖い国になるかもしれません。

あるいは北朝鮮はすでに、牙を抜かれた餓えた狼といった感があり、将来、日本にとって有望な国になる可能性も大ありです。

第二次大戦が日本の敗戦に終わる一九四五年八月一五日の前夜、東京の某所で、焼跡の東京をどうするか、といった密議があった、という話が残っています。

一人は東急の五島慶太、一人は西武鉄道の堤康次郎、そしてもう一人は、隠れた投資家でした。このときの会議で、東京三分割案が話し合われ、東急は渋谷中心、西武は池袋方面、そして投資家は企業化せずに、個人で下町から千葉方面を買う、という話になったというのです。

これが真実かどうかわかりませんが、敗戦直後の雑誌にはたしかに載っており、またその投資家の孫が、私の櫻井学校で学んでおり、現実に信じられないほどの財産管理をしています。

私はこの三人を多才眼の巨人と思っていますが、わかる人には将来が見えてしまうのだと信じています。

少し前になりますが、六本木ヒルズに、若手ベンチャー企業の経営者が夜な夜な集まって飲んでいた時期があります。いわばこれは、敗戦前夜の密議の小型版です。

野村證券の危機が大っぴらになってきましたが、あの野村にしても、金融が自由にならなくなってきたのです。少々の多才眼では、潰されるということでしょう。

ここ当分は、小才の私たちは、高処の見物のほうが安全だと思います。

外国人とは特に、行為の基準を明確にする

佐藤綾子さんは、日本の大学にパフォーマンス学を導入した第一人者です。この学科はそれまで日本にはありませんでした。しかしよく考えると、世界が小さくなってくると、このパフォーマンスがとても大事になります。

ときには、言葉が何一つわからなくても、身ぶり手ぶりで意思が通じるのですから。私は彼女としばらくの間、一緒に仕事をしたことがありますが、いつも笑顔でいる点に感心しました。笑顔を絶やさないのです。

これは日本人のように、顔の表情を動かさない民族にとって、とても大事なことだと私は思ったものです。お隣の中国人は、さらに無表情で、だから「日本人と中国人」というテーマは、いつの時代でも、マスコミでウケるのです。

二〇一二年のロンドンオリンピックで、大観衆を沸かせた日本選手の二つのパ

フォーマンスがありました。

その一つはなでしこジャパンのメンバーによる「おじぎの連鎖」でした。銀メダルの表彰台で、一人ひとりがウェーブのように、おじぎを連続させたので、大会場が沸きに沸いたのです。

もう一つは、卓球女子の福原愛、石川佳純両選手が見せた笑顔と涙でした。特に中国のツイッター上では「なぜ中国選手は、勝っても無表情なのか!」という不満が殺到しています。それに対して、敗れた福原、石川両選手への賛辞と憧れが、想像以上に大きかった、と伝えられていました。

まさにパフォーマンスが、多くの外国人の心をとらえたのです。

佐藤さんによると、ほめ方のパフォーマンスは三点だそうです。

⑴一番にほめる
⑵人の前でほめる
⑶基準を明確にする

私はこの中で、⑶のほめる基準を明確にする、という項目に注目しています。彼女にいわせると、叱るときも同じだそうです。

(1)一番目には叱らない
(2)人の前では叱らない
(3)基準を明確にする

かりに、若い女性が、見知らぬ男に笑顔を向けたり、頭を下げたら、相手は「この女は抱かれたがっている」と誤解するかもしれません。これは笑顔とおじぎというものに対する、明確な基準がないからでしょう。

　これは単一国家民族と多民族国家の差、といえるかもしれません。

　多民族国家に生まれ育った人々は、常

Date　　.　　.　　No/

■ほめ方のパフォーマンス

(1)一番にほめる
(2)人の前でほめる
(3)基準を明確にする

Date　　.　　.　　No/

■叱り方のパフォーマンス

(1)一番目には叱らない
(2)人の前では叱らない
(3)基準を明確にする

に敵を意識するといわれます。笑顔ですら、疑うというのは悲しいことですが、間もなく日本もそうなるかもしれません。

そこで、握手、ハイタッチ、ハグ、キスといったパフォーマンスが発達したのでしょうが、これらは、どこまで親しくなっていいのかの基準を表しています。

私は初対面のときは、男性とは握手しますが、女性とはしません。「しません」というよりは、こちらからは握手を求めない、というほうが基準が明確です。

それはセクハラと間違えられるからですが、もう一つ、女性には最初、握手しなくても、最後に求めてくる習慣があることを知っているからです。

それは他の民族にも共通しているようで、女性は「安心することによって、親しくなりたい」という心理が働くのでしょう。

特に文化混在社会になると、女性とつき合う方法を知っていないと、トラブルになりかねません。中国人夫婦の前で「すてきな奥さんですね」と、あまりほめると、夫は不快感を表すでしょう。

「おれの女に手を出すな」と敵意さえ抱くといいますから、くれぐれも注意したいものです。

第4章

この人たちの多才力に学ぶ

情報収集力の早い人ほど成功する

いまの時代は、新しい情報をいかにすばやく集めるかによって、仕事の成功数は大きく違ってきます。

私は週刊誌の編集をしてきたので、新しい情報を落としたら、致命的になることをよく知っています。中でも特オチといって、自分のところだけ特別にネタを落としてしまったときは最悪です。

新聞記者はそれが怖いために、記者クラブといった、互助会のようなものをつくって、特オチしないようにしています。それでも昔は一匹狼的な大記者がいたため、珍しい特ダネが紙面をにぎわせたものです。

そしてそれらの記者は、新聞を離れると、評論家として八面六臂の活躍をしたものです。いわば新聞社にいる間に、広い視野と取材源を持ったのですが、いまの記者の多くは電話取材で、原稿はネットで送ってくるので、本当の意味の収集力はありません。

私の経験では「お目にかかりたい」あるいは「うかがいたい」と、足を使う人ほど成功しているような気がします。

なぜそれがわかるかといえば、好奇心が旺盛で強いことが読み取れるからです。

(1)一体どんな人なんだろう?
(2)どんなところに住んでいるのだろう?
(3)本棚にはどんな本が置いてあるのだろう?
(4)質問にどんな答えをするのだろう?
(5)どういう交友範囲をもっているのだろう?

その他、一対一で会えば、思いがけない話も出てきますし、こちらの情報を伝えることで、新たな展開も出てきます。

朝日新聞の記者魂の基礎をつくったといわれる杉村楚人冠《そじんかん》という人物がいました。新聞記者だけでなく、随筆家、俳人でもあり、多才力を存分に発揮した人ですが、本名は廣太郎です。楚人冠は俳号ですが、このほかに縦横《じゅうおう》、紀伊縦横生、四角八面生といった別号も持っていました。

この別号だけ見ても、どの方面にも、無限の活躍をしていたことをうかがわせます。

この彼の本の中に、A新聞とB新聞の記者が、同時に無口な人物を取材した話が書かれています。

A新聞の記者は翌日の新聞に「何も語らず」と三行記事で片づけたのに対し、B新聞の記者は、一面に大々的にインタビュー記事を掲載したといいます。

では何も語らないのに、なぜそんな大きな記事にできたのでしょうか?

B新聞の記者は、部屋の模様から庭の感じ、無言でいるときの氏の態度、お茶は何を飲んでいるかなど、好奇心のすべてを書いたのです。

そこが面白いところで、ふだんから電話やメールで「仕事」だけ頼んでいるような記者は、「読者の求めているもの」の本質がわかりません。

ところが日常から、取材対象者に会って、いろいろ話を聞いている記者は、さまざまな面に好奇心を発揮します。

この「記者」を「あなた」に置き換えれば、あなたが現在持っている多才な力が、どの程度のものか、わかってしまいます。

才能の豊かな人ほど、多くの分野の人物とよく会っています。それだけでなく、それによって、多くの人物を動かす力が生まれてくるのです。

もう一歩進めれば、必ず将来、自分に役立つであろう人に近づいていくべきです。

それが多方面に自分の名を売るチャンスになるのですから。

知識の連続性こそ最高の方法

多才な人間ほどいい加減で危ない、という声をよく聞きます。なんとなくあきっぽい、チャランポランな人物像が浮かび上がりますが、それは、知識の連続性がない人ではないでしょうか?

私の周りにも、それこそ多彩な楽器狂がいます。トランペットも吹けばギターも奏で、ピアノも弾きます。このほかにもいくつかできてしまうのですが、たしかに多才です。

あり余る才能を、次から次へとつぎ込んでいったのでしょうが、一つのものに対する連続性がありません。これは仕事にもつながる問題です。

これだと「才子、才に溺れる」状態になる気がします。

現代の経営の神様といわれる稲盛和夫は『アメーバ経営』(日経ビジネス文庫)の中で、

「優秀な人材が、才覚の使い方を誤ると、とんでもない問題を引き起こす。才覚のない人なら、そんな不祥事すら思いつかないが、なまじ才覚があるため、不正を思いつく。

商売に才覚は欠かせないが、才覚のある人ほど、それに相応しい人格を伴なっていなかったら、とんでもないことをしでかす」

と書いています。

これを読むかぎり、才覚を批判しているのではなく、才覚の使い方が問題なのだ、ということです。私も稲盛説に賛成です。

かりに話上手な人がいた場合、いわゆるペラペラしゃべりばかりしていたら、薄っぺらに見えるだけでなく、人を騙したり、金銭問題を起こすことになるかもしれません。

しかし、なぜ人々はこの話を喜ぶのだろう、なぜこの話材に感動するのだろう、なぜ、なぜとつき詰めていけば、話術の大家になれるでしょう。

いまの世の中は、長らくつづいた村落社会が崩壊し、コミュニケーション時代に入ったことで、「初対面」がとても重要になりました。

村落社会であれば、才能、才覚がなくても、信頼されましたが、常に初対面の人と会わなくてはならない今日では、話術はもっとも重要な才能になったのです。

池上彰は長らくＮＨＫの社会部記者をつとめていました。それだけでは彼の成功はなかったでしょうが、「週刊こどもニュース」に、ニュースにくわしいお父さん役で出たことにより、解説の大切さを知ったのでしょう。

彼の話し方には、一つの話題を取り上げる場合、さまざまな角度からわかりやすく解説する親切さがあります。これはそう簡単ではありません。そのテーマに対して、博学でなくてはならないからです。

その上に、聴く人、見る人の疑問にぴったり答える、センスが必要になってきます。これがのちに「本を書くほうが楽しい」と気付くことになり、作家に転じたのですが、いまや現代史の専門家として、いくつかの大学で教えるほどになっています。

彼の知識の連続と集約は、多才な力を生み出すモデルといっていいでしょう。

特に、話し出せば、それがそのまま解説本になりそうな内容は、すばらしいものがあります。それだけ裏で勉強しているということでしょうが、長くつづけたことによって、話の中身に厚みが加わっていることも、忘れてはなりません。

たけしは誰でも目標にできる典型

いまの世の中で「誰かひとり、人生の目標にできる人を挙げよ」といわれたら、私は迷わず、たけしを指名します。

これは私だけでなく、ほかの人にも、目標にしてほしいと思うくらいです。それは一体なぜなのか？

現代人の典型だからです。

彼の仕事領域を見ると、元漫才師、司会者、映画監督、俳優、作家、芸術家、大学教授と、実に多方面にわたっています。

これ一つ取り上げても、現代に適合した人物であることがわかります。表現者として、そのすべての分野に才能を広げているからです。

かつて、アメリカの鉄鋼王アンドリュー・カーネギーは「一つのバスケットに卵を入れなさい」と説いたことがあります。

その意味は、転職なり、職域を広げていくときは、似たような分野に限りなさい、ということで、まったく関係のない仕事をいくつふやしても、卵は孵《かえ》らないということとです。

たけしの幅広い仕事領域は、それぞれつながっており、表現者というバスケットに、すべての仕事の卵を入れたことで、成功を収めています。この仕事の方法一つ取り上げても、私たちが目標にしていいのではないかと思うのです。

また彼のすぐれた点は、軍団のリーダーとして統率能力を持っていると同時に、「女のためにも死ねる」という、いさぎよさがあります。それがかつての講談社「フライデー」への殴り込み事件でしたが、オーバーにいうならば「知情意」を兼ね備えた、珍しい知識人です。

では、これらの能力は、どこで鍛えられたものでしょうか？

東京下町という人情の街に生まれ、その後浅草を中心に、放浪の期間が長くつづいたからだと思います。私は彼の卒業した足立区梅島第一小学校の先輩（？）で、一年生の折、一年間だけ在学しています。

下町には、フーテンの寅さんのような風来坊が何人もいたもので、たけしの漫才師になるまでの職業を見ても、何十あるか数えられません。学生運動に参加した頭でっかちの男たちと、根が違っています。

これが、現在の多才ぶりに結実していることは間違いありません。悪くいえば、人生の裏街道を歩いてきたのです。しかし裏街道にある本物は、いつか表通りに出てきます。

それは金貸し業から銀行、美顔術から整形外科、裏街易者から占い師産業、バッタ屋からディスカウントストア……という歴史の流れを見てもわかるでしょう。

作家にしても、若い一時期、放浪生活を送った芥川賞作家の五味康祐、直木賞作家の色川武大、同じく浅田次郎などは、一歩間違えれば、やくざの親分になっていたかもしれません。

たけしだって、その可能性は十分あったのです。それだけ裏道を歩き、人生のどん底を覗いた人たちには、大きな魅力が備わっています。

近頃は経営者も、東大を出て官僚、金融関係に入った常道の人たちだけでなく、さまざまな道を歩いて起業した人たちもいます。世界放浪の果てにワタミを起業した渡邉美樹、中学卒業後にさまざまな職を渡り歩き、銀座まるかんを起業した斎藤一人などもその中の人物でしょう。

だから多彩な能力が全開しています。

全能力を全方位に花開かせた堺屋太一

一般的なコースでいうと、東大経済学部を出て通産省に入ったら、最後は次官を目指し、天下りして悠々自適というのが、目標でしょう。あるいは途中で政治家になる道もあり、それほど苦労しなくても、赤じゅうたんへの道は開かれています。

ところが堺屋太一は官僚としてよりも、作家としての舵を切りました。『油断』『団塊の世代』が高く評価されたからです。これは一種の未来予測ともいうべきもので、さすがに通産官僚だ、といわれたものです。

博覧会のプロデューサーとしては、恐らく日本一でしょう。父親が弁護士なのに、なぜそんな商才があるかというと、「堺屋」のペンネームが示すように、先祖が安土桃山時代からの商人だったからでしょうか。

実際、彼の商人ぶりを目の当たりにしたのは、彼が夫人の池口史子女史の絵を買ってほしいといってきたときです。前の出版社にいたときでしたが、値段もはっきりいってきました。

いまでこそ池口史子は日本芸術院賞をはじめ、数々の賞を受けていますが、まだ新人の頃でした。私たち役員はその絵の評価よりも、絵を売り込む彼の手腕に「これはやはり大物だ」と、驚いたことを記憶しています。

小田全宏氏は、東大法学部を出て松下政経塾に入り、人材育成を研究してきました。彼の「陽転思考」は、多くの企業で用いられています。

彼もまた、まれに見る多趣味、多芸の持ち主で「富士山を世界遺産にする国民会議」の運営委員長まで兼ねています。

私が小田氏に注目したのは、フルートを趣味にしたことで、「シンフォニーの作曲も指揮もできる」というところまで、自信を抱いた、という点です。

さらに小田氏は、誰でも可能な記憶法、アクティブ・ブレインを考え出していります。簡単に説明すれば、二〇項目の言葉を私が書いたとすると、一分間もたたないうちにそれを記憶し、スラスラと私が書いた二〇の言葉を出すようになります。

それだけでなく「一八番目は？」と問えば、その言葉を出しますし、反対に言葉から順番を問うても、ピタリと答えます。

そして彼は記憶に年齢は関係ないと、私を励ますのです。

さらに驚くことに、小田氏は作曲の技法をまったく知らないのに、「祈り」というフルートの曲をつくっています。その上サントリーホールの二〇〇〇人もの大ホールを満員にして、自作の交響組曲「大和」を指揮しているのです。

堺屋太一の全能力活用も驚異ですが、小田全宏氏の多芸多才ぶりにも、目を見はらされます。私も「やればできる」という思想の持ち主ですが、それは「言葉、文章」という分野での話です。

小田氏の場合は、もともと無のところから有を生み出す才能であり、これは天性のものかもしれません。しかし小田氏はそれを否定するでしょう。

「櫻井さんだって、できますよ」

と、彼は軽くいっているほどですから。私は姓名判断に興味を抱いていますが、小田氏の「全宏」は、まさに名前によって、人間の能力が全開したような気がします。

猿之助（市川亀治郎）の若くてすごい趣味

二〇一二年七月、若手の人気俳優、市川亀治郎は、四代目猿之助を襲名しました。歴史学者、梅原猛原作の「ヤマトタケル」の舞台でしたが、いみじくも梅原が「繊細な創造者」といったように、もともとは歌舞伎の女形俳優だったからかもしれません。

多くの人が新猿之助に期待するのは二歳年下の荒々しい市川海老蔵と違い、新しい歌舞伎、新しい芝居を創れる希代の役者、と考えているからです。

彼は一九七五年生まれですから、三六歳で名跡を継いだことになりますが、なんと彼の蔵書だけで、一軒の書店が開けるだけの厖大な量があるといわれます。

それだけではありません。浮世絵の収集も本格的で、役者絵を二〇〇〇枚ほど持っているとか。ウィキペディアによると、初代猿之助の浮世絵を海外で発見したことで、流出した芸術品を買い戻さなければ、という使命感にかられたとのこと。

その所蔵数は、美術館が買い入れる画廊の収蔵品より多いというのですから、完全に本格的です。

また骨董品は陶磁器を中心に、古いものでは縄文時代、桃山時代の器もあるそうですから、テレビの「なんでも鑑定団」に出るような骨董品とは、一味も二味も違いそうです。

恐らくこの若さで、これだけの蔵書と美術品の所有者は、めったにいないのではないでしょうか？　それができる収入を持っているにせよ、ほかの遊びや支出だってあるはずです。

それらの欲望を押えて、大金を支出していくのですから、すばらしいものがあります。天性、勉強家なのでしょう。

それに自宅には、瞑想室があるといわれます。もともと茶室は、ひとりで考えごとや瞑想をする空間として最適だ、ということで、自宅につくっている人は少なくありません。

しかし瞑想室そのものをつくっている人は、ほとんどいないのではないでしょうか？　それだけに猿之助は、新歌舞伎をつくった先代猿之助（二代目猿翁）につづいて、新機軸の歌舞伎を創造する可能性があります。

すでに米寿を過ぎている梅原猛に、新しい企画を依頼し、梅原もそれに応えたいといっているところを見ても、彼の多才な能力は近く、花開くかもしれません。

これらの趣味は、長い伝統を持つ歌舞伎役者にとってはすばらしいものですが、一般人にとってはそれほど必要とは思えません。

高尚な趣味を持て、という人もいますが、もともと趣味の持ち方、考え方が大切です。どんなにすばらしい作品を集めても、それを儲けにしてやろう、というのでは、考えそのものが俗悪です。

仮にスポーツをやる人であれば、体を動かす趣味が最高でしょうし、自宅で仕事をする人であれば、俳句や短歌の趣味は切り離せません。

私の知人の女性は、ハギレを集めて風呂敷や着物をつくっていますが、本人はのちのち、古代裂《ぎ》れでつくりたいという願望を抱いています。私は彼女に、その願望を持っていると、古代裂れについての勉強も進み、和装全体の知識が広がっていくのだと励ましていますが、ちょっとした行動が、大きな成果を生むのだと思います。

一芸に通じたら多芸になる！　リリー・フランキーの場合

リリー・フランキーほどのマルチタレントは、めったにいません。武蔵野美術大学（通称ムサビ）卒の中には、さまざまなタレントがいますが、彼はもともとイラストレーターになりたくて入ったのかもしれません。

ところが卒業したあと、三一歳で雑誌「ぴあ」に「あっぱれB級シネマ」を連載したことで、書く仕事が舞い込むようになり、作詞家として一人前になっています。

文章もイラストも、推敲は行なわない、といいますから、やはり若いうちから、才能があったのでしょう。いまの彼は、イラストレーター、ライター、エッセイスト、小説家、絵本作家、アートディレクター、デザイナー、ミュージシャン、作詞家、作曲家、演出家、フォトグラファー、俳優といった肩書を持っています。

マスコミや芸能界は面白いところで、

「やってみない?」

という言葉が、日常的に使われます。

たとえば飲み屋で何人かの関係者がいると、

「いまの話面白そうだから、ちょっとやってみてよ」

こういった形で、仕事が広がることが少なくありません。またそうでないと、リリーのように肩書がふえません。自分から「やらせてください」と頼んでやれるものではないからです。

昔からマスコミには、銀座派、新宿派、赤坂派、六本木派という分け方があり、そのどちらに行くかで、仕事も変われば、知り合いも大きく違ったものです。

いまはもっと広がって、恵比寿、麻布十番から神楽坂、あるいは各テレビ局に近い場所まで、溜まり場ができているでしょう。

これらの溜まり場のどこに出入りするかによって、その運命は大きく変わります。その代わり、一芸に秀でている人は、多芸になる確率が高くなっていくのです。

なぜなら、そういう溜まり場には、新聞社、テレビ局、出版社といった大手社員ばかりでなく、プロダクションという名の下受け社員がゴロゴロしているからです。

彼らの中には、常に新しいタレントをさがしている人たちがおり、一芸に秀でた男女を、別のジャンルに引き込みます。ところが一芸は十芸、二十芸に通じるものなのです。

それこそアンドリュー・カーネギーのバスケット論を実行するならば、どの卵もひなに孵るだけでなく、りっぱな鶏に成長します。

中谷彰宏の場合も似ています。ＣＭプランナー、ラジオナレーター、俳優、トレンドクリエーター、作家といった肩書を持っていますが、このほかにも中谷塾というセミナー事業、中谷彰宏事務所という出版社まで経営しています。

彼の『面接の達人』は、就活学生のバイブルになっているほどのベストセラーですが、このほか約一〇〇〇冊にのぼる著書を持つマルチタレントです。

リリー・フランキーは長編小説『東京タワー～オカンとボクと、時々、オトン～』によって「本屋大賞」をとりましたが、どちらもこういう主たる著書を持っていると、多芸といっても、中心がしっかりしています。

もし彼らを目指すなら、中心の柱をしっかり建てることでしょうか。

プロパーの人には面白味がない

　政治家でもそうですが、二世、あるいは政治家の家系といったプロパーの人には、基本的に面白味がありません。

　一時期の自民党は、一八五名もの世襲議員がいたほどです。全議員の約半数が世襲ですから、若者に嫌われるのは当然でした。いまの若者層は就職で苦しんでいます。そんな中を、親や祖父の七光りで国会議員になれるのですから、よほどの力両を示さないと、世襲議員は今後ソッポを向かれるかもしれません。

　なにしろ、金に困ったことのない政治家が首相になってきたのですから、大衆受けしません。話していることに、面白味がないからです。

　その点、かつての田中角栄は今太閤といわれたほどでしたから、演説には庶民が殺到しています。小泉純一郎は世襲議員でしたが、祖父、父の二人が戦後追放になったため、散々苦労しています。

　だから話が面白かったのですが、こういった庶民派の政治家は、よしんば議員にならなかったとしても、実力で成功したでしょう。

世襲の政治家や企業の創業者の二代目は、実力もない上に、話も木で鼻をくったような話し方をする人が多いようです。

逆にいうならば、世襲の人物からは早く離れることです。そこにいるかぎり、あなたの才能が花開くことはムリでしょう。

私は運命を信じていますが、それは「出会った人が、あなたの運命を決めてしまう」という怖さがあるからです。

私たち人間は、どんなに優秀であろうと、自分より大きな運命に逆らえません。天変地異が起これば、それに巻き込まれますし、怪しげな会社に入ったら、そこから抜け出せなくなるのです。

極論するならば、父親がプロパーであるなら、それを継がない決心が、あなたの自由を保障するのです。大きなものに巻き込まれたら、小さなものの運命は、大海の木の葉のようなものです。

政治家でいえば、石原慎太郎や橋下徹などは、ほかの職業で十分食っていけたにもかかわらず、この世界に飛び込んでいます。

こういう政治家は多才タイプですから、予想外の発想をします。彼らに似た経歴の持ち主も、まだ何人もいるでしょう。ただし、一芸で功成り名遂げてから政治の世界に入るような人は、実績づくりですから、話も面白くありません。

話はまったく異なる分野に飛びますが、元愛媛大学の教授だった中村雅彦さんは、トランスパーソナル心理学の専攻学者です。

ところが彼は、自分の研究スタイルに疑問を持ち、外側からシャーマンや霊媒を見ているだけでは、本当のところがわからないと、自分から四国の神社の宮司になっています。

それまでは、学者として超常現象を認めたくないという心理があったものを、自分からその世界に飛び込むことで、体験的に理解できると考えたのです。

これは多くの学者がやろうとして、やれなかった快挙です。学者プロパーから脱したのですから、話が面白くないはずがありません。

心理学者の宮城音弥は研究者として著名でしたが、いつも最後のところで、霊魂や霊界のことを「わからない」とお茶を濁していました。私は勇気がなかったと判断しています。

飛び込む勇気、認める勇気があれば、どの分野でも、新しい成功を収められると思います。できれば、人に聞いた話を面白がるだけでなく、自分で面白い話ができるようになれれば最高です。

第5章

独自性のある勉強が生きていく

「辞書は横に読む」という松本清張の教え

私は語学の大学を出ているので、辞書の引き方は結構早いほうで、いまでも若い人に負けません。

この辞書は電子辞書、ｉＰｈｏｎｅ、パソコンでも引けますが、調べるよりも「読む」という癖をつけると、ボキャブラリー（語彙）が豊富になります。

若い頃は、一週間に二日は、松本清張先生のお宅にうかがっていました。話相手として、私が丁度よかったのでしょう。そんなときは、必ず国語辞典が脇に置いてありました。

清張さんは常に私に「辞書は横に読め」といいつづけていました。「横に読む」とは、たとえば「蝶蝶」と引いたら、その前の「喋喋」と後ろの「丁々、打打」も読んで、覚えてしまえ、という方法です。

すると辞書によっては「喋喋喃喃」という表現が出てきて、これが博物学者の南方熊楠の夫婦生活にまつわる話につづいていく、というのです。

たしかに調べてみましたら、南方熊楠は精力絶倫で、毎晩、夫人と喋喋喃喃といちゃついていた、というエピソードが出てきます。清張さんの小説の面白さは、この博学多識に支えられていることがわかるのです。

特に出世作の『西郷札《さつ》』という作品は、国語大辞典に数行出ているこの言葉にヒントを受けて、構成されたものです。

「櫻井くん、一行から一作書けることもあるんだから、辞書は大切にしなさい」

この清張さんの教えは、私にとって大きなプラスになりました。多才な人間というと、芸達者を想像しがちですが、辞書一冊から、多才な能力をつくり出すこともできるのです。

私は少年の頃、戦争で苦労した世代です。夜は兄と姉と一緒に、一部屋に集まって、ラジオを聴くぐらいしか楽しみがありませんでしたが、このとき教師をしていた次兄の発案で、毎晩、辞書引き競争をすることになりました。

「そうなめ」

と兄がいえば、四冊ほどあった国語辞書を、一斉に引き出すのです。小学生だった私も、夢中で引いて「総嘗め」というむずかしい字を見つけ出し、その意味もいうのですが、これが面白くてたまりません。

毎晩つづけることで、私の語彙と漢字力は、驚くほど上がりました。すると、これまで読めなかった小説が読めてくるのです。尾崎紅葉の『金色夜叉』も、それまで「きんいろよまた」としか読めなかったのに、「こんじきやしゃ」と読めると、内容もりっぱに理解できるようになったのです。

辞書一冊が、人間の運命を変えることは、私にとって驚きでした。この話を清張さんにもしたのですが、恐らく清張さんとしては、「自分に似ている」と思ってくれたのかもしれません。

私はどうも、辞書とつながっている人生なのかもしれません。光文社という出版社に入ると、のちに社長となったカッパブックスの創始者、神吉晴夫が、東京外語のフランス語の出身でした。神吉さんは時間があると、フランス語の百科辞典「ラルース」を読んでいました。

「ここにはあらゆる事例が入っているから、なまじな本を読んでいるより、はるかに面白いし、出版のヒントにもなる」

といっていましたが、この神吉さんも多彩な人脈と教養で、カッパブックスを育て上げたのです。

大成する人は、やはり独特な勉強法を欠かさなかったのです。

自分の星に支配されていることもある

中国占星術と西洋占星術は、まったく大陸を横断する交通手段もなかった古代に、ほぼ同時期に生まれています。くわしくいえば中国占星術のほうがやや古く、想像上の星を思い描いて九星術を完成しています。

西洋占星術のほうは、実際の天上の星を観察することで、十二星座による占術となったのでしたが、人間の性格と運命を占う、という点では、まったく同じ考えです。また中国、西洋共に誕生日を基点にしていることも共通しています。中国占星術は、現在の神宮暦などを見れば、くわしく出ているので、すでによく知っている人も多いと思います。

「赤とんぼ」「待ちぼうけ」「この道」などの作曲で知られる山田耕筰は『生まれ月の神秘』という一冊を残していますが、この大作曲家も、人間の性格は生まれ月（西洋占星術の星）によって支配されている、という見方をしています。

私もこの考えに賛成していますが、生まれ月、星座によって、多岐多様な能力を持っている人もいれば、一つの能力だけの人もいるようです。

私が現場の責任者をしていたときは、毎年の新入社員の性格と特徴を、信頼する占い師に観てもらっていたのですが、それによって担当部署を決めると、ほとんど間違いありませんでした。

また、長所、欠点もわかるので、もともとが多才な能力を必要とする雑誌の編集部員に合わない人には、最初からその能力を伸ばすよう、指示したものです。

一つの実例を示すと、週刊誌一冊には、毎号約五〇本の記事が入っています。小さい記事まで入れたら七〇本ほどになるのですが、編集長は、その五〇本の事前知識を持っていなければなりません。

いかに編集長が多様な知識や情報を理解していないとならないか、これでわかるかと思います。そこで部員には「狭くなるな。広く知識、情報、教養を広げよ」と、いいつづけるのです。

ある会合で私は偶然、月刊「文藝春秋」の名編集長から同社の社長になった、池島信平さんに呼び止められました。驚いたことに他社の女性週刊誌である「女性自身」に目を通していたらしく、私に、

「茶碗にするな、丼にしなさい」

という言葉を与えてくれたのです。

これはすばらしい一言で、私はこれによって目を見開かされたのです。

この意味は「櫻井君の編集は小さくまとまっている。それよりもっと思いきって広げて、丼のように、なんでも入れられる雑誌にしなさい」というものだと、私は理解したのです。

一例をいえば、女性誌だって男性読者をふやせば広がります。若い女性読者だけでなく、高齢読者を含めれば、丼になります。レベルも中間層だけでなく、低レベル、高レベルの読者を加えれば、これも大丼になりそうです。

私はこの池島さんの一言で、読者の多様化に成功し、のちに池島さんにほめられるようになったのですが、これには三月生まれ、魚座の「なすべきことがある」という、一念発起の心が強く影響しています。

自分の星を信じていなければ、ダメだったかもしれません。

なんでもすぐやってみると、答えが早く出る

いまの時代は長くても二年に一回は、自分のあり方を疑ってみなければならない、と私は思っています。

いやそれでは遅くなってしまう。一年に一回だ、という人もいるかもしれません。そのくらい時代の動きが速くなっている、ということでしょう。

実際、私は六年ほど前に携帯のサイトをスタートさせましたが、あっという間に古くなり、いまではスマホが中心です。ドコモのサイトでは「モテモテ男・女塾」というう有料コンテンツが一万人以上も集めていて、ホクホクでした。

ところがこれも二年で、消えてなくなりました。あっという間にゼロになってしまったのです。携わっていたｗｅｂ技術者は、どこに移ったのか、まったくわかりません。

電子書籍も似ています。すでにこれまで脱皮をくり返してきていますが、まだまだ技術の進歩で、いまの方式がなくなる危険性のほうが高いでしょう。

印刷所も、なくてもいい業種になりそうです。よほど先を見据えて、変化対応型に切り替えなければ、見捨てられる業種になりそうです。

これらは一例ですが、しかし私の周りを見渡すと、数年前に出入りしていた仕事関係の人は、ほとんどいなくなっています。こういうと、こちらが見捨てたようですが、逆に、私のほうが捨てられたのかもしれません。

それほどのスピードで、変化が進んでいることを覚悟しなければならないのです。

ベルトコンベアに乗って、幾多の変化の関門を通り越さなければ、バタバタと振り落とされてしまうしかありません。

「二一世紀はコンサルタントの時代になる」とは、一九九〇年代から叫ばれていました。それは革新のスピードが速くなり、コンピュータの変化によって、今日収益が上がっていても、明日には赤字に転落しかねない時代が来たからです。

その時代は、新しい情報武装をしたコンサルタントの指導を受けなければ、うまくいくはずがないのでしょう。

私は小沢一郎という政治家に、転落していく古さを感じるのですが、彼の周りに、新しいアイデアリーダーの名前を見たことも、聞いたこともありません。だから「消費税はダメだ、国民の生活が第一だ」といっても、具体的なプランが出てこないのです。

よくいえば「頑固一徹のおやじ」という感じはしますが、新鮮な情報で武装した政治集団という感じがありません。いまは多才な能力を持つ若い政治家を前線に配備して、どの国にも負けないすばやい変化のできる国にしてもらいたい、と思うのは私だけでしょうか。

英語どころか、日本語も満足にしゃべれない小沢一郎では、期待はムリかもしれません。

「なんでもすぐやってみる」というスピード性は、あらゆる分野、あらゆる業種に通じます。答えが一日でも一時間でも早く出るほうが、失敗の確率が少なくなるからです。

ダルビッシュ有投手は、球種の切り替えが早く、それにより最少失点に抑えています。私も仕事の内容をどしどし切り替えていますが、これができる人ほど、新しさを出せると思うのです。

「いま大勢」のところには近づくな！

私は、いま流行っているものに近づくのは、あまり好きではありません。それは間もなく古くなるからです。
「流行の法則」には――
一年後――みすぼらしい
一〇年後――みにくい

二〇年後――こっけいだ
三〇年後――オモシロい
五〇年後――古風
一〇〇年後――ロマンチック
一五〇年後――ビューティフル

という順序で評価されるようです。

かりにいまから一〇年前までの間に流行したものは、ほとんど見向きもされません。その好例がベストセラーでしょう。

なぜこんな本を読んでいたのか、と思いませんか？　古本屋に行けば、ほとんど一〇円で売っています。かりに多才力をつけようとして、こういうものを読んだら、

「きみ、古いねえ」

と、一笑されてしまうでしょう。

ところが三〇年前となると、がぜん面白くなります。いまの世相と似ているか、その時期のことを知っているとプラスになるか、それとも感心されるかです。

ときには、同じような企画を出しても、十分通ることさえあります。

たとえば最近は尖閣諸島などが領土問題となっていますが、一九八二年に国連で「海洋法条約」が採択され、陸地から二〇〇海里に、排他的経済水域が設けられています。

あるいは「ウッソー」「カワイイ」「シンジラレナイ」という流行語は、この年のものです。またベストセラーに『日本国憲法』が入ったのもこの年です。

これは一例に過ぎませんが、社会は循環していることを暗示しています。大学の学部にしても、この二〇年ほどの間につくられた学科ほど、廃止されています。

なまじ流行に乗ったものほど、早く廃れるわけで、法科大学院などその典型です。

一時期、ドッグイヤーという言葉が流行りましたが、これは犬が人間の七倍のスピードで成長していくところから、時代の移り変わり、あるいは新規事業の発展が速いことをいったものでした。

しかし反対に見ると、これまでの七倍のスピードで流行は終わってしまうということで、危なくて近寄れません。ところが最近は、マウスイヤーという言葉も登場しています。マウスは人間の七倍どころか、一八倍のスピードで成長します。

だからときに、一年で急成長する事業も出てくるのでしょう。それはそれで勉強になりますが、正直なところ、あとで困ります。

事業ではありませんが、プロゴルファーの石川遼プロなどは、マウスイヤーのスピードで成長していきました。テレビで観ていると、彼のプレーは、いつも観客で溢れていました。ところが、近頃は、次第にプレーが粗雑になってきています。かりに彼のことをしゃべるにしても、いまだったら誰も近寄ってこないと思います。旬の時期は過ぎてしまったからです。いわば半分過去形になった、といえるかもしれません。

それより、もっと多くの選手に目を向けたほうが、新しい話題になるはずです。大勢のファンと一緒になっても、独自な視点は出てきません。むしろ遠くから注意しているほうが、勉強になると思います。

買っている本の種類で能力がわかる

私の周りには、さまざまな年齢の男女が集まってきます。それはいくつもの研究会、勉強会を開いているからです。

私はこの生徒や会員に、できるだけ読書の幅を広げるべきだ、と話しています。

それは以前より、ビジネスの世界で一〇年〜一五年くらい、長く活動しなければならなくなったからです。

一昔前であれば、社会に出て、長くて四〇年で定年、引退でした。ところが近頃はそうはいきません。八〇歳が男の平均寿命だとすると、六五歳は当然のこと、七〇歳、七五歳まで働かなければ、生きていけない社会状況になったからです。

こうなると、どんな人でも、二回または三回は転職することでしょう。となると、同じジャンルの本だけ読んでいたのでは、「あいつは知識と情報範囲が狭い」と見なされて、引く手あまたとはいかなくなります。

それこそ、ハローワークに通って、ようやく仕事をさがす、という形になりかねません。とはいえ、本をたくさん読んでいるから、仕事がうまくいく、というのは、あまりに短絡的です。

仕事の種類によっては、読書などしなくても、技術さえしっかりしていればいいのですから。ただし、私としては、酒を飲んでムダなおしゃべりをするくらいなら、その分を読書に回すほうが、必ずプラスになると思うのです。

いや、読まなくてもいいのです。不思議なことに、背表紙の題名を見ているだけで、情報が目から入っていきます。もしその上に帯の文字を読めば、半分くらい読んだつもりになれるかもしれません。それくらい有効です。

ですから私は、本は買って本棚に並べておくだけでもいい、と弟子や会員たちにいっています。面白いことに、一〇〇冊買いつづけたら、読むようになる、という話があります。それはそうでしょう。一〇〇〇円の本を一〇〇冊だったら、一〇〇万円です。

それだけ出費したものを、そのままにしておくのは惜しくなって、それを活用する気になる、というのです。

では、どういう本を集めればいいのでしょうか？

⑴エッセイ
⑵ビジネス書
⑶歴史小説

これは、経営幹部が必ず読んでいるジャンルです。逆にいえば、これと同じジャンルを読んでいたら、必ず彼らと話が合います。話が合えば気が合うし、親しくもなるでしょう。ときに能力も高く評価されます。

しかしこれだけでは、一般人は足りません。

(4)人生失敗分析書
(5)自分ができそうな職業、技術書
(6)辞典類

なぜ人生に失敗したのか、成功ものは外して、失敗分析の本を買い集めましょう。さらに先々、できそうな職業や技術手引き書も大事です。

辞典類には、金言集から語学、宗教など、実にさまざまな種類がありますが、座右の書として、好きなジャンルのものを置いておきましょう。

それらは私の例ですが、先々の人生を考えておくことは、そのときになってから、あわてないですみます。少しずつ集めてみませんか？　意外に情報や話題が広がりますよ。

雑学を広げると、魅力が倍増する

ある会で賞品を分けるのに、じゃんけんでいこう、という話になりました。二〇人の中で賞品は三つでしたが、みごとに私はそれをゲットしました。

じゃんけんというと、すべて偶然と考えている人がほとんどでしょうが、そうとはかぎりません。なにしろカナダを本拠にしている「世界じゃんけん協会」なる組織もあるくらいです。

じゃんけん必勝法を研究している心理学者もいますが、グーの確率は35％、チョキは31・7％、パーは33％となっています。そうだとすると、パーを出しつづければ、勝てる見込みは非常に高いのです。

実際、「世界じゃんけん協会」でのテクニックにも「初心者にはパー、ベテランにはチョキを出すとよい」と書かれています。

また、実験では同じ手のつづく確率は、22・8％となっています。かりにグーであいこになったら、次にチョキを出せば、勝てるか、もう一度あいこになる可能性は高いのです。

協会でも「同じ手がつづけば、次はその手に負ける手を出せ」となっているところを見ると、この実験結果は世界共通のようです。

こんな雑学を知っているだけで、じゃんけんに勝てるチャンスがふえるとしたら、その人の魅力は倍増すると思いませんか？

■じゃんけん必勝法

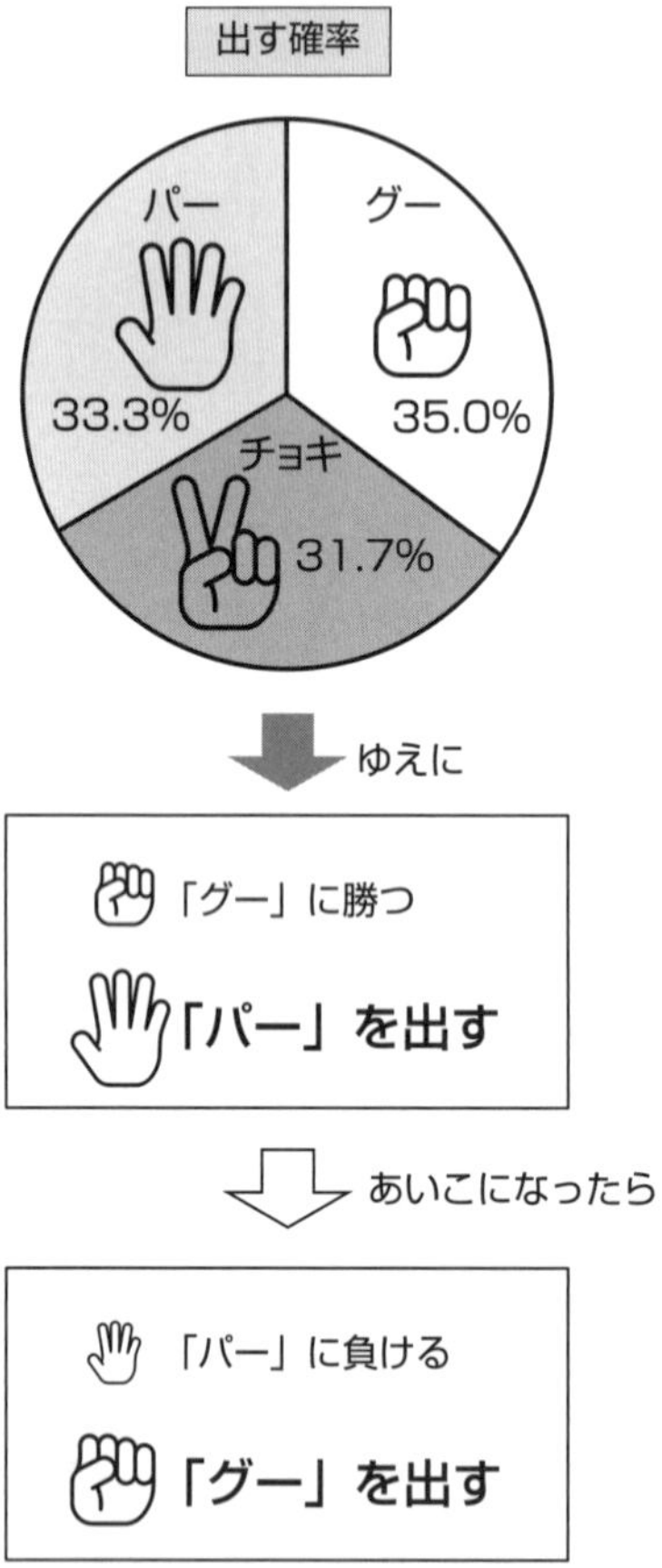
出す確率
パー
33.3%
グー
35.0%
チョキ
31.7%
ゆえに
「グー」に勝つ
「パー」を出す
あいこになったら
「パー」に負ける
「グー」を出す

雑学といっても、むずかしい分野のことばかりではなく、こんな日常知識でもいいのではないでしょうか？

松下幸之助は「松下政経塾」を開いたとき、運の強い人を選んだそうです。いまの民主党にも野田佳彦以下、玄葉光一郎、前原誠司など何人もの卒業生がいますが、案外じゃんけんに強いかもしれません。

司馬遼太郎は一〇代の頃、大阪外語の蒙古語科に入りましたが、金もなく、時間をもてあまして、近くの図書館に入り浸り、すべて残らず読んだと書いています。

このときの雑学が、のちの彼の作品に生きたことはたしかです。特に作家で大成するには、主人公などの会話が面白くなくてはなりません。私は多くの作家を育て、付き合ってきましたが、例外なくそうです。

その理由は、会話には雑学が入る率が高いからです。それが時代背景を表す場合もあり、作家本人の生活であることもあって、会話の面白さが、作家の教養や知性の深さを表すからです。

小説の面白さは筋立てばかりではありません。雑学の広さでもあるのです。

銀座の一流バーのママになると、ホステスが通う美容院まで目を光らせます。女性しか読まない雑誌を置いている美容院では、ダメだというのです。なぜなら、お客様は地位のある男性たちです。化粧やファッションの話をしたところで、興味を持ってはくれません。

それこそ出たばかりの男性、女性週刊誌や海外雑誌を読んで店に出たら、情報通と思われます。また雑学の広いホステスと思われて、可愛がられるようになるのです。

私の親しかったホステスは、日本中の祭りのことにくわしく、お客の出身地の祭りの話を、さりげなくすることで喜ばれていました。

それは、彼女なりに工夫した独自の勉強でしたが、私から見ても、実にみごとな雑学でした。長い人生だけに、いつどこで雑学は生きるかわかりません。魅力が二倍にも三倍にもなることは間違いありません。

あれも食いたい、これも食いたい

いまの時代は、思いがけない勉強に人が集まります。それだけ勉強に金をかけないと、この先の人生が読めないからです。多くの人たちは、いわば常識的な資格や免許を取ったものの、それが使えるまでには至っていません。

大勢が同じ勉強をしたら、たとえ有利なものでも、競争率がはげしくなってしまいます。私は大学でロシア語を学びましたが、友人にはインドネシア語に入った男もいました。

すると、この男は就職難時代だったにもかかわらず、すんなりと大企業に入ってしまいました。インドネシア語は好きな語学ではない、といっていいながらです。

タイ語を勉強した学生も似ています。就職は需要と供給のバランスの問題であり、需要に対して、供給量の少ない学問を学んでいれば、争奪戦になることは間違いありません。

資格や免許も同じことです。

また就職とは関係なく、そういった少数型の知識を持っている人は、必ず引っ張り凧になります。

たとえば食に関してくわしい人は、とても重宝されます。私の知人で、有名食品と菓子店に精通している男は、驚いたことに、大企業の総務部に入っています。

これは社長を含めた幹部が、手土産に持参する品を彼に任せるほど、信頼を得たからです。手土産ほどむずかしいものはありません。下手なものを持っていくと、笑い者になるからです。

知人によると、持参する相手がどういう方なのか、相当調べるのだ、ということです。たとえば日本家屋か洋風家屋かでも、持参品は異なりますし、お嬢さんのいる家庭かどうかでも、変わってくるといっています。

これこそ多才力といっていいかもしれません。

すぐれた人は小さな視点を大切にします。かつて松下幸之助の秘書をつとめたS氏によると、大切な客を迎える際には、松下幸之助自ら、一度その座敷を点検した、といいます。

このときは無口の方同士を隣席にしないだけでなく、煙草の煙がどちらに流れるか、エアコンをつけて確かめたということでした。

家電企業の経営者なら、電気機器のことさえわかっていればいいのではないか、と思う人は、何事にも狭く考える人です。

大学教授なら、学生に専門知識を教えられれば、それですむ、と思う人たちです。

「案は三上にあり」という言葉があります。

いろいろな考えは、トイレに座っているとき、車に乗っているとき、ベッドの上で寝ているときの三カ所で出ることが多い、とされます。

このときは仕事と別のことを考えていて、それが仕事と結びつくことが多いものです。もしかすると、「あれを食おうか、いや、こちらにしようか」と思案しているときに、思いつくかも知れません。

実際、物理学者は計算ばかりしていると、まったくアイデアが浮かばなくなる、といいます。むしろあちらこちら旅行していると、いいヒントが浮かんでくるそうです。

勉強でも資格でも、できるだけ変わったものに挑むほうがいいように、私は思います。ともかく多くの人の視点とは異なる方向に、目を向けることです。

私は独自の女性論を学んできたことで、他人とまったく違うアイデアを出せるようになりました。極端にいえばオンリーワンの勉強法です。それが私を助けてくれたのです。

第6章

人脈を多才、多彩にする！

若いうちはまず自分に魅力をつける

若いうちの生き方は、大きく分けて二通りあると思います。一つは先々のことを考えて、早くから貯金していく生き方。もう一つは、金が入ったら本を買うか映画を観るか、あるいは何かの会の勉強会に入るか——。

ただし、飲み食いして時間を潰す行動は、生き方とはいえません、大切な学びが入っていないからです。

お金にしても知識にしても、そこには人生にもっとも大切な、学びが入っています。たとえ失敗しても、反省がありますし、成功すれば、一回り自信が大きくなります。

そしてなによりも、人間的魅力が加わるでしょう。

面白いもので、私の体験では、若いうちほど酒を飲んでいたタイプのほうが魅力的です。それは一歩先に、大人の世界を覗いているからで、いわば性体験と似ています。

性体験をもたない人間にとって、未知の世界は魅力的です。それも悪に近い魅力があるだけに、まだ童貞、処女の男女にとっては、一種の憧れになります。

酒の世界も同じで、たしかに大人の魅力を、一足先に身に付けることができます。

しかし、私の遊びの体験では、酒を飲むなら、中年以後のほうが役に立ちます。

というのも、若いうちは酒に飲まれてしまうし、下手をすると借金を重ねてしまいます。さらに悪いことには、深酒ができる年齢なので、失敗も重なります。

酒の上での人脈は、やはりこちらに実力のつく年齢でないと、広がっていかないようです。

むしろそんな金や時間があるなら、その金を有効活用したほうがプラスになります。また何か一つ勉強に励めば、必ずそれは実力となり、人間的魅力を広げるでしょう。

私の場合は、将棋が大きな人脈となりました。子供の頃に、近所の老人たちに仕込まれた将棋が、これほど社会で有利だとは思いませんでした。これこそ東京・下町で生まれ育ったありがたさかもしれません。

大学を卒業した頃は、自分でも素人としては、相当な腕前だと感じていたので、誘われるままに、作家や画家と対局していました。光文社の初代社長が、新入社員の私の弟子になったのですから、信じられない人も多いかもしれません。

あの松本清張でさえも、私と一局指して、まったく歯が立たなかったので「原稿を書く」と約束したくらいです。

いまは将棋に、それだけの力はないかもしれません。しかしなにか突出した力をつければ、人脈は大きく広がるでしょう。それによって、多彩な人々と交わる可能性が生まれてきます。

いま優秀な実力で、出版界の名プロデューサーとなっている鬼塚忠氏は、学生時代から池坊華道を学んだそうです。まだ若いのに、こういった特技を持つことは、大変有利ですし、隠された魅力を感じさせます。

たまたま二〇一二年は、池坊五五〇年という節目の年に当たり、彼はそこで一働きするとのことです。これも若いうちに魅力をつけたプラスでしょうが、いつどこで、何が役に立つかわからないのが人生です。

魅力を問われたら、一つでも二つでも答えられる人生を、若いうちから送ることを、すすめたいと思うのです。

自分が会いたい人の名簿をつくる

私は社会人になった年に、小説雑誌の編集部に回されました。それにより必然的に、会いたい作家、書いていただきたい作家や漫画家の名前がノートに記されていきました。

六年間の作家担当を終えてみると、なんと、ノートに記した「会いたい人」の八割は、会っただけでなく、仕事をしていただいていたのです。

会いたいと思っていた作家の中で、結局会えなかったのは谷崎潤一郎、坂口安吾、吉行淳之介の三人でした。それも吉行淳之介には、銀座のバーで出会っていたので、別の機会に会うつもりはなくなっていましたし、坂口安吾は私の入社二年後に亡くなったので、チャンスを逃してしまいました。

谷崎潤一郎には、正直いってビビってしまいました。大衆小説雑誌の編集者には、遠い存在でした。

川端康成も高みの存在でしたが、後年「女性自身」編集長時代に、とても仲のよい関係になったのですから、名簿はつくっておくものです。三島由紀夫とは、私的な頼まれ事をされるほど親しくなったものです。

「念ずれば花開く」という言葉がありますが、私はこれを「常念必現」という四文字にして、座右の銘にしています。思いつづけていれば必ず実現することは、私の六〇年間のビジネス人生が証明しています。

また、かりに実現しなかったとしても、いつか会えるのではないかと、その人についての勉強や情報を怠りません。それが多才、多彩な能力となって表れていきます。

するとまた、思いがけない人物に出会うきっかけになるものです。

私の場合は主に作家を標的にしましたが、これは、一人ひとり違って当然です。しかし、昔より現在のほうが、目的の人に会える確率は高いのではないでしょうか？というのも、講演会や朝食会、勉強会やミーティングが、大分ふえてきたからです。それこそ名刺を渡すくらいであれば、可能性は高いでしょう。もっとも名刺を渡したところで、なんの効果も上がりませんが。

近頃は、若者が名刺を配って歩くようになってきました。大学生でも名刺を持つ時代ですから、当然でしょう。もし万一、その名刺によって職が得られたら、名刺代なんて安いものです。

そうだとしたら、名刺の裏に特技を記しておくほうが有利になります。私の知った学生は、名刺の裏に「特技　書店調査」と書いていました。これが出版社の人の手に渡って、「この男は面白い」と、目をつけられたのです。

彼はいまその出版社で働いていますが、「どうしても出版社の人に会いたかったのです」と話していました。

そのように名刺をつくっていたのですから、実に賢い学生です。狙いを出版関係に絞って、いろいろな会に出ていたのでしょう。

就活の学生の中には、数打ちゃ当たる式の名刺の配り方をするタイプがほとんどですが、そんな名刺はすぐ捨てられるに決まっています。

いずれにせよ「会いたい人」を特定することは、自分を一段階上げることにつながります。万一、その人の人脈に加わることができれば、一挙に多才な人々と知り合いになれるのです。一種の出世と思って、機会をふやしてはどうでしょうか。

FBで多彩な人々とつながる

環境によっては、なかなか人に会えないものです。地方在住者は、会いたくても、大都会に出られません。

そういう人ほどネットを活用すべきでしょう。私はフェイスブック（FB）に入っていますが、現在、友達の数は千数百人です。積極的にふやす気なら、限度の五〇〇〇人まで行くでしょうが、いまはこれで十分です。

フェイスブックの活用法は、いろいろあるようですが、その目的によって、不特定多数の人でもプラスになります。かりに異性が欲しいのであれば、友達全員を異性にすればいいわけです。

エッチ目的の人は、そうやって楽しんでいるようですが、私の場合は、やはり珍しい人とのつながりが目的になります。とはいってもいろいろな方が、友達申請をしてきます。私は基本的にいくつかの条件をクリアした人とは、すぐ友達になりますが、それらの人々とは、ゆるい関係でいいと思います。

たまたまそんな中から、私にとって、珠玉のような方のお名前を発見することがあります。そんなときこそ、積極的に友達申請をするのですが、これによって、多彩な人々とつながるようになっています。

これは現実の社会では、むずかしいでしょう。ネット上だからこその出会いなのです。

ただし、私はこのフェイスブック上では、相当時間を費やしています。私自身の経歴、考え方、人脈を知っていただくために、毎日、書きつづけています。

それが面白いと、大勢の固定ファンがついていますが、これがいわば名刺代わりになっています。私から友達申請をした場合、相手は私のこのエッセイを読むことができます。

それによって、信用していただくことができると同時に「この人となら、もっと深くつき合いたい」と、思っていただくこともできるはずです。

また私の場合は、自叙伝を書いているようなものなので、いつかはこれらがデータとなって一冊にまとめることができる、と虫のいい考え方をしています。

それと同時に、息子や娘たちにも、父親の生きざまを知ってもらうことにもなるのです。どこの父親でも、自分の仕事について、子供たちにくわしく話していないでしょう。

そんな時間もないし、第一、どんな顔をして話したらいいでしょうか？　その点、フェイスブックは、父親の生きざまを、自分の子供たちに知ってもらうことができるのです。

「子は父親の背中を見て育つ」という言葉があります。毎朝早く家を出ていく父親の姿を見て、父の存在の大きさを知り、自分もいつか父のようになりたい、と思ってくれるのです。

しかしこれは、子供が小さい頃のことで、大人になった息子や娘は、いつか父親と離れてしまいます。それだけに、このフェイスブックは、父と子の絆ともなりうるのです。

また面白いことに、息子や娘の友人ともつながることにもなり、異世代、異性という新しい人脈を広げることにもなるのです。

また逆のことも成り立ちます。その点、フェイスブックは、思いがけないつながりを掘り起こすことにもなり、なにかのときに、有力な援助を期待できそうです。

隠しごとをすると、多才になる！

誰に対しても、まったく隠しごとのない、公明正大な生活をしていたら、多分性格は、単純になるのではないでしょうか？　別の意味でいうと、面白みのない人間になるかもしれません。

隠しごとというと、いかにも悪いことをしているようですが、たとえば誰にもいわずに、習いごとをする場合もあり、それはけっして、他人に迷惑をかけるものではありません。それこそ誰にも知られず、貯金をしている人もいるのではありませんか？

私などは、それこそ秘密だらけの毎日を送っているようなもので、そのため、いろいろな人に緘口令を敷いています。それは、ときに親しい人に心配をかけないためであり、ときには知られては困ることもあります。

「秘密を持つ」ということは、大人になるということであり、だからこそ、性格に深みが出てきます。また思いがけない知り合いもふえていき、それによって話材も豊富になっていきます。

つまり人間力が豊かになるのです。

「周辺知識」という言葉があります。たとえば一つの商品を売る場合、その商品の知識を知っているだけでは当たり前であり、それこそ客に興味をもたれません。

その商品に似ている品の知識から、海外の商品知識まで、直接必要ではなくても、周辺の情報を知っているほうが、その人物に力があると思われます。

これを専門的にいえば「営業スキル」となるのでしょうが、これらは誰かが教えてくれる、というものではありません。密かな勉強が周辺知識をふやしていくのです。

私の経験では、妻に隠れて遊んでいる男には、それなりの魅力がついています。それは、女性心理、妻の心理を、しっかり陰で勉強しているからです。

すると話に深みが出るだけでなく、ユーモアも出てきますし、人によっては失敗談まで披露してくれます。それだけ、経験を積んでいるからですが、ズバリいうと、失敗談を堂々と話せる人ほど、いい人脈を持っています。

ある年齢に達すると、失敗を隠して、成功談ばかり話す人は、信用されなくなります。なぜなら、そんな人生はあり得ないからです。もし本当に失敗のない人生であるならば、逆に、上層部にまったく信用されていない、と断言できます。

人脈もない、周りからも信用されない、酒の席でも面白い話一つできない――これでは、いつ肩を叩かれるかわかりません。

私が信頼していた部下は、会議で出たプランにすぐ反応して、

「それでしたら、この筋から話を持っていってみましょう」

と、即座に一つの人脈を挙げたものです。

「そんな知り合いがいたのか？」

と私までびっくりするような人脈を隠していたのです。これこそ優秀な編集者のつき合い方で、いわば「人脈を温めていた」のです。「男子三日会わざれば刮目《かつもく》す」という言葉ではありませんが、秘密をふやせばふやすほど、人間が大きくなるのです。隠しごとを持たない生活は、きびしくいえば、人生をサボっているのです。浅い人間、話のつまらない男は、結局、淘汰されていくと、私は思っています。

歴史を学んでおくと、人脈レベルが高くなる

私は東京外国語大学のロシア語出身ですが、なぜか同人雑誌に発表した二〇歳のときの小説第一作は「寂照上人」、という平安朝の物語でした。

この頃から、歴史上の武士と僧侶について関心を持っていたのですが、これが私の作家人脈レベルを高くしてくれたのです。

「大学で学んだロシア語はどこへ行ったんだ？」

と、笑われることもあるのですが、実際はロシアの年代記に興味があり、それも小説の題材にしているのです。しかしそれは別として、若いうちに歴史を勉強しておくと、自分よりはるかに上の年齢の方々と、おつき合いできるようになったものです。

それというのも、社会的レベルが高くなると、歴史に関係ある役職につくことが多くなるからです。恐らく名誉職として、有名寺社の代表役員などについている方も多いはずです。

最近は歴女といって、歴史好きな女性が大分ふえてきました。たまたま明治天皇百年祭の話に及んだとき、明治神宮には「清正井」というパワースポットがあるので「パワーをもらってきたら？」と軽くいったところ、加藤清正の事蹟を逆に話されてしまいました。

こうなると、こちらもその女性と、もっと話したくなります。彼女にしてみれば、歴史好きが思わぬ人脈を持つことになるのです。

特に海外から外国人が観光にくると、彼らは必ず、歴史を聞きたがります。このとき、ほんの少しでも、昔の面白い話やエピソードを話せたら、彼らとの付き合いが深まるのではないでしょうか？

これは古い話ですが、ベルリン交響楽団が初来日したとき、偶然なことに楽団員の一人と知り合い、しばらくの間、手紙の交換をしたことがあります。

彼によって、私はクラシック音楽の目を新しく見開かされたのですが、そのきっかけは「東京駅の最初の設計家はドイツ人だった」という私の一言でした。

第一次大戦でドイツが日本の敵国になってしまったため、ドイツ人設計家の名前は消え、辰野金吾の名前だけ残ったのだ、という私のエピソードを聞いて、彼は感激したのです。

私としても、世界的な音楽家と仲よくなったのは予想外のことでした。ただそれにより私自身、クラシックをもっと勉強したことで、知識の幅が多彩になった面もあります。

よく考えると、すべての話題の中で、歴史というか、昔の話が一番、スムースな人間関係をつくってくれるようです。

かりに家康が好きな人と秀吉の好きな人が話していても、絶対けんかになりませんが、いまの政治家の名前を出したら、はげしい応酬になるかもしれません。

酒が入ると、プロ野球やサッカーチームの監督や選手の名前だけで、怒鳴り合いになることだってあるのです。

その点、歴史上の人物の話は、知的な部分を刺激するものであり、誰にとっても、プラスになるはずです。いまだったら、寺や神社の話は、誰でも興味を持つので、少し勉強したらどうでしょうか。

人を集める行動を起こしてみよう

勉強会というと、なにか一つ優れた能力を持っている人が開くものだ、と思うかもしれません。しかし、いまはそんなことはありません。

フェイスブックを見ると、さまざまなミーティングが開かれています。その多くは、無名の素人の方ばかりです。それこそ「釣りに行きませんか」とか「フェイスブックで友だちの数をふやしましょう」といったものは、誰だってやる気さえあれば、できるのです。

ここで重要なのは「やる気」です。人脈を多彩にするものは、友だちの数ではありません。「ふやそうとする行動力」といい替えてもいいでしょう。

坂本龍馬は日本人の憧れの英雄です。ところが最初のうちの彼は、土佐（現・高知）の郷士の息子であり、知り合いもなしに、大阪に出てきました。

その彼が維新の口火を切るのですが、簡単に言えば、他の誰よりも、日本全国を歩いています。それ以上でも、それ以下でもありません。見知らぬ土地に行けば、必ずそこでお世話になることになり、珍しい人間が来たとなれば、その人の話を聞きに、人は集まるのです。

それは坂本龍馬であろうと、あなたであろうと同じでしょう。

いまはネットという、便利な集客マシーンがあります。「就職で困っているみんな、集まりませんか？」と呼びかければ、たちどころに何人か集まると思いませんか？

オウム真理教の発端は「オウム神仙の会」という小さなヨガ道場でした。麻原彰晃は、天性、人を集めるのがうまかったのでしょう。しかし、人を集めるのが悪いわけではありません。

人を集めるときは、

⑴主義・主張を同じくする人を集める

⑵趣味・嗜好の同じ人を集める

(3)同じ悩みを持つ人を集める
(4)同じ目的の人を集める

この四つの方法があります。さらに、

(1)有力者をトップに据える
(2)自分がリーダーになる
(3)自分は事務局側に回る

という、三つの立場を考えなければなりません。
また、

(1)会費を徴収する
(2)無料とする
(3)実費だけとする

この会費も重要です。また忘れてはならないのが会場です。

(1)公園など、公共無料の場にするか
(2)貸会場、貸室、貸レストランか
(3)自分の部屋か

これによっても、集まり方が大きく違ってきます。

私自身は、運命学研究会から始まって、運命師養成講座、作家養成講座、経営幹部のための女性学講座など、五つか六つの集まりを持っていますが、やる気なら、あといくつかできますが、時間的制約もあって、丁度いいところです。

これらの講座の出席者は、丁度男女半々になっていますが、講座の種類によっては、男女どちらかを多くすることもできるでしょう。私の場合は、これら多彩な会員、参加者に教えるだけでなく、彼らから新しい情報を得ることができるので、ずいぶんプラスになっています。

お弟子さんの中には、私以上に多くのファンを集めている人もいます。また大学生でありながら、すでにたくさんの仲間を持って、大活躍している人もいます。将来がとても楽しみです。

教えを乞う態度を持ちつづける

これまでの社会は、長《おさ》によって統制されていました。長い間、日本が村落社会だったからです。そこで長鬚《おさひげ》といって、村長さんは、長いあごひげを貯えていたものです。

この長鬚を持っている人に対しては、尊敬の念を持つのがふつうでした。ところが最近では、ひげはファッションになってしまったため、尊敬の対象にはなりにくくなってしまいました。

その上、長鬚の衰退と共に、年長者に対する尊敬の念まで失われてしまったのです。それは若者だけ悪いわけではありません。年長者が、若者を指導する習慣を失ってしまったからであり、大切な教えを、どこかに忘れてしまったからでもあります。

しかし年長者にかぎらず、一芸に秀でている方には、それなりの尊敬すべきなにかが、あるものです。

私はすでに相当の高齢だけに、ネットに関する技術と情報については、若い人に教えを乞わなければなりません。それでもサイト事業をもっている会社の経営者ですか

ら、恥ずかしいなどといっていられないのです

知らないことは教えてもらったほうがトクですし、相手が若かろうと、こちらは辞を低くして、教えてもらう必要があります。

私の場合は、これによって若い人たちとの付き合いが、大きく広がっています。また若い女性たちとの輪も広がるのです。へんにいばらない高齢者は、むしろ大歓迎されるからです。

人脈をもてない男性の決定的特徴は、女性と一世代以上若い同性たちを、低く、軽く見がちな点です。「一世代以上若い」とは、五〇代の男であれば三〇代以下を指します。

なぜそうなるかというと、社会で自分が教えた新卒世代だからでしょう。いわば教師と生徒といった差があるだけに、どうしても軽んじてしまうのです。

またこの男たちは、もともと男女同権の思想がないため、なにかにつけて男が上だ、という意識を拭い去ることができません。そのため、人脈がどうしても広がらないのです。

私は椅子の座り方で、多彩な人脈、能力を持っているかどうかを見抜きます。

椅子の背にもたれて座る人は、基本的に脚力が弱いタイプであり、同時に、報告を

待つ性格です。ビジネス誌を見ると、経営者の写真がたくさん出ていますが、大会社の社長、老齢の社長ほどこの姿勢になっています。

しかし、ほとんどの人は、報告を待っていられる身分ではありませんし、自分から行動に出なければ、人付き合いの幅は広がりません。そういうタイプなら、椅子の背に深くもたれているはずがありません。

若くしてそんな椅子の座り方をしたら、入社面接で、たちどころに落とされてしまうでしょう。

以前、ある高僧に教えられた中に「姿勢が大事」という一項目がありました。やる気のある人は姿勢がいい、つまり姿の中に勢いがある、というのです。

椅子の座り方にかぎらず、立つ姿勢も同じであって「勢いを感じさせなさい」という教えは、いまでも私の中に生きています。

もう一つ「ハイ」という答え方も、相手に手応えを感じさせる積極性と、「拝」という尊敬性も含めよ、と教えられましたが、この姿勢と応え方さえあれば、人脈は広がりつづけるのではありませんか?

第7章

櫻井式「潜在能力を広げる法」

小さい頃の趣味、興味を思い出してみよう

社会に出て、時間がたつにつれて、多彩な趣味は影を潜めていきます。多くの人は、周囲に合わせてゴルフやマージャンといった、当たり前の遊びに没頭するものです。

しかし、自分が幼児、子供の頃を思い出してみましょう。虫を捕まえたり、電車に夢中になったり、玩具を壊してみたり、お菓子の付録を集めたり……。時代によってそれは違ってきますが、このときの「世界が広がっていく驚き」は、大人になっても大事です。

こういった趣味を持っていなくても、子供の頃は、親や友だちと一緒に、毎日、新しい場所に行った記憶があります。この新鮮な行動力が、豊かな想像力を生んだとも考えられます。

『眠狂四郎』などを書いた柴田錬三郎は、子供の頃、岡山県の丘の上に住んでいました。朝起きると、目の下の瀬戸内海を往く船を見て、空想を広げたといいます。

これは趣味とはいえませんが、空想はどこまでも広がります。彼の作品に異国情緒があるのは、外国船を見るうちに、まだ見ぬ異国の風景が浮かんだからでしょう。

誰にでも、こういう原体験はあるものです。私の場合は、父を早くに失い、次々と小さな家に引っ越すみじめな子供時代でした。本もなかなか買ってもらえません。そんな中で、私が楽しみにしたのは、移転先の畳の下に敷いてある古い新聞紙でした。

ここで私は昭和四年（一九二九）に捕まった「説教強盗」の新聞を見つけたことがあります。この強盗は、侵入した家の家族に、どこが侵入されやすいかを解説するという、奇妙な習癖を持っていたようで、大きな話題になったものです。

またもう一回は、猟奇事件の阿部定逮捕の号外を見つけています。これは愛人の局部を切り取って逃げていた女性で、いまでも知っている人は多いと思います。

私が週刊誌の編集者になったのも、こういった楽しみがあったから、ともいえるのです。ともかく異常な事件があると、いまでも現場に行くことがあるくらい、事件好きになってしまいました。

私の場合は、やや異質ですが、芥川賞作家の五味康祐は、小さい頃に映画館主だった父親から、蓄音機を買ってもらい、レコード狂になってしまいました。大音響を出して、芝生で聴いていたと、本人が話していたほどですから、小学生としては珍しかったでしょう。

しかしこの趣味が、時代小説作家のもう一つの顔となり、レコード評論家として、非常に高く評価されたのです。

念のためにいうと、五味康祐はこのほかに人相、手相の研究家、雀士としての才能、それに将棋の天分もあり、多才力という面でいえば、恐らくトップクラスでしょう。

私は五味夫妻に仲人をしてもらったほどですから、彼の天分と趣味を受け継いでいます。

中でも若い頃からの占い好きが高じて、現在、早稲田運命学研究会という会を主宰しています。これだけでも、人生の楽しみが大きくふくらんでいるのです。

もしかすると、あなたにも潜在能力があるかもしれません。小さい頃の趣味、嗜好、興味に磨きをかければ、それが第二の職業にならないともかぎりません。

あなたは人間好きか？　物品好きか？

一口に「好き」といっても「人間好き」なタイプもいれば、「品物好き」のタイプがいます。

これによって、才能の伸びる方向が違っていくはずです。かりに人間好きなタイプであれば「話す、聴く」という能力が強くなり、それこそそっち方面で、ファンを獲得できるかもしれません。

お笑い関係に進んだ人の多くはこのタイプで、潜在的な「人に好かれたい」という気持ちが、「笑わせる」という行動に出るものだと思います。

あるいは近頃は、人に専門的な知識を教えるコンサルタントや、ティーチング、コーチングといった職業もふえてきています。これも人間好きでないと、できない仕事です。

これに対して、物品好きなタイプは、もともと個人の仕事をやっている人が多い、といわれます。「職人の人嫌い」といって、人が側にいるだけで落ちつかなくなってしまうのです。

小さな学校、小さな会社にずっといつづけると、誰でも人づき合いが面倒になります。しかしそれはそれで、自分本位に生きればいいわけで、けっして悪いわけではありません。

近頃はうつの人々がふえてきましたが、つまりは、このタイプが激増していると考えられます。

ところがこれらの人々は、思いがけない才能を持っています。創意工夫がそれです。自分なりに人生を楽しめる環境をつくる才能があります。

人間好きな人たちは、付き合いに時間と金がかかりますが、物品好きの人たちは、ときに収集家になることもあります。

安いもの、小さいもの、紙製品や、泥細工、石集めに至るまで、自分自身で楽しめるだけでなく、大きな収益をあげる場合もあります。

経済評論家の森永卓郎氏はミニカー、北原照久氏は玩具コレクターですが、ここまで入れ込めば、それで専門家になってしまいます。

私は人間好きタイプなので、物品を集める趣味はありませんが、それでも、絵画と壺に関しては一家言持っています。世間には、思いがけないことに、似たような性格や趣味の持ち主がいます。

それらの人々とつながれたら、それだけで世界が急に広がります。物品好きな人々の中で近頃最大のマーケットとなった、コミケがあります。例年八月と十二月に東京ビッグサイトで開かれる「コミックマーケット」は、コミックおたくの天国です。

基本的には彼らは、人間好きタイプではありません。しかしコミックを媒介として、心の通じ合う同士がつながっていきます。かりにコミックを描く趣味があるなら、もしかすると、ここで才能が花開くかもしれません。

またコミックなど興味がない、という人たちでも、ふらりと立ち寄ってみたら、心を動かされることもあるはずです。それによって、潜在能力に火がつく可能性もあるのです。

私はもともと編集者なので、やや煽動的な言葉遣いが得意です。

「やってみれば？」

「成功するかどうかわからなくても、好きなら、やってみる価値はあるのでは？」

こんなアジテーションで、多くの人たちを、作家やマンガ家、挿絵画家、タレント、歌手にしてきましたが、能力だけは、一回他人に見てもらい、知ってもらわないことには、成功するか失敗するかはわかりません。

女性の潜在能力の広げ方を知ろう

私の専門分野は女性学、女性論です。

現在、女性たちの社会進出はまだまだ上昇中で、中でも三〇～三四歳は、きわ立って元気です。

ところが女性たちの潜在能力は？　というと、それほど高くありません。同じ仕事をしているかぎりは、男たちをしのぐ成績を収めますが、男たちと同じように社内異動や、仕事の変更をすると、能力はてきめんに落ちてしまいます。

もちろんこれは比率でいったのであって、個人的な能力ではありません。ではなぜ、潜在能力、多才な能力は低いのでしょうか？

性差学的にいうと、守備型だからです。自分の守備範囲は完璧にこなしますが、範囲を超えたものには興味を示しません。

実際には潜在能力はたくさんあるのですが、女性特有の「成功への恐れ」が出てきてしまうのです。

このことを知っておかないと、職場で女性を使いこなせません。この「成功の怖れ」とは、あまり仕事ができてしまうと、男性からよく思われない、という恐れです。

特に結婚願望の強い女性に多く、彼女たちの話を聞いていると、「あれもやれる」「これもやれる」と思ってしまいますが、現実には手を出しません。やれば成功するはずなのに、やりたがらないのです。

ここで男たちにはない「私なんて！」「ムリですよ」という、守備型の口ぐせが彼女たちから出てくるのです。そういわれると、女性たちは、何事にも遠慮がちだと、思い当たりませんか？

それを女性らしい謙虚さ、と思うのは間違いです。一見謙虚に見せていますが、攻撃隊の中に組み入れられるのを、恐れているのです。それもまったく自信がないわけではありません。

やればできてしまうのです。

「なんだ、やればできるじゃないか？」

と、意外そうにいう上司が、ときどきいますが、それは女性心理を知りません。やればできてしまうのは、当然なのです。ただ、ここで考えなければいけないのは、できる女性が、突然退職してしまうことです。

これは成功の恐れを抱いた女性に、多くある例ですが、これ以上、自分の能力を出してしまうと、人生目標が狂ってしまうと、心配し出した証拠です。

こういった優秀な能力を持った女性には、目標を示したほうがいいようです。「これ以上はさせないから、ここまでやってくれ」と、むしろ守備範囲を示すのです。

こうすることにより、女性は安心するでしょう。ときには、男たちの相談相手になってもらうのです。相談だけなら、彼女たちは安心します。

繰り返すようですが、女性の潜在能力は、ときに男たちを上回ります。いまのテレビ業界を見ても、女性アナから女性タレント、女性ディレクターなど、現場は女性のアイデアと力、話術によって成り立っています。

なぜ同じマスコミでも、新聞社は男の職場なのに、テレビ局は女の職場になっているのか？　よく考えれば、家庭と同じ、家の中の守備的仕事だからです。百貨店、スーパーと同じ、といっていいかもしれません。

こういう能力の広げ方を考えていくと、女性は多彩な実力を発揮することでしょう。

書を捨てよ、町へ出よう

こう書くと、寺山修司の本のようですが、まさに外の空気を吸いに出ないと、能力、才能を広げるわけにはいきません。

寺山は私より少し年下でしたが、私と会うときはいつも下駄でした。渋谷ジァン・ジァンという前衛小劇場での芝居を終えたあと、私としゃべるのですが、私は彼の下駄がとても印象的でした。

靴よりも下駄のほうが、町を歩くのに適している、と本気で思ったほどです。この寺山修司を真似たのかどうかわかりませんが、俳優の中村雅俊も、下駄で町を歩いていました。

いかにもざっくばらんの中村らしい、と私は好印象を抱きましたが、家に閉じこもって本を読んだり、パソコン、ゲームに熱中したりしている人たちより、町をさ迷いながら歩くタイプのほうが、多趣味なような気がします。

寺山修司は若くして亡くなりましたが、彼の多才ぶりには、目を見はったものです。劇作家、詩人、歌人、演出家、映画監督、小説家、作詞家と、一体いくつこなしているのかと、数えてしまうほどです。

これに演劇実験室「天井桟敷」も主宰していたのですから、無限の才能です。しかしよく見ると、ほとんどすべてが「言葉」に関係しています。これが多彩な能力の秘密です。

カーネギーの「ひとつのバスケット理論」を、偶然にも寺山は、実践していたことになります。だから若くして成功したのでしょう。

さらに寺山は言葉を操りながら、それを家の中、書斎に閉じこもって書いたわけではありません。下駄が象徴するように、町を歩きながらしゃべりつづけ、喫茶店で、そのつづきを語る、という具合でした。

私の編集長時代の「女性自身」では、「町に出て、騒音を身につけて帰ってこい」という取材の鉄則がありました。

編集室で書かなくてもいい、町の喫茶店でも、駅のベンチでもいいから、そういう騒音のあるところで原稿を書け、という考え方でした。

こうしていくと、書きながら、耳も同時に使えます。これによって、新しい話題を編集部に持ち帰ることができるのです。

一石二鳥ですが、それによって、能力を広げることも可能になってきます。

「自分は実用記事の担当だから、それさえ取材すればいい」という考えでは、やっていけません。ときには町で社会記事にぶつかることもあるわけで、これによって、広い視野が育っていくことになります。

これからの時代は、自分の担当だけできればいいんだ、という考えでは、捨てられていくでしょう。一人で何役もできないと、給与に見合わないと、会社から思われるからです。

電話を聞きながら、パソコンを打つことなど、当たり前になってきました。

私の知人のアメリカ人オフィスでは、女性が受付、経理、庶務の一人三役をこなしています。彼女にいわせると、受付でただボーッと座っている女性従業員は要らないのではないかと、むしろ不思議そうです。

自分から能力を広げることこそ、自分自身を救う唯一の手段といっていいでしょう。

大勢の前で話してみよう！　それで変わる

多才力といっても、最初はいくつもの才能がなくてふつうです。私にいわせれば、人前で話すことができれば、それだけで十分です。なぜなら――

(1)発表する姿勢
(2)言葉の使い方
(3)笑わせ方
(4)話題の広げ方
(5)時間の使い方

などなど、これまでまったく使ってこなかった、さまざまな能力が出てくるからです。

最初はどれもうまくいかなくても、これらは慣れるにつれて上達します。そして大勢の前で発表できれば、聴き手に感動を与えることができるのです。

一般的にいうと、ビジネスマンの多くは、人に感動を与えずにビジネスを終える、といわれます。この意味は、大勢の前で話せる人は一握りしかいない、というもので、そのチャンスがないのです。

かりにあったとしても、感動させるまでに至りません。それは、単に報告だからです。

これでは、職場だったら、かえって上司から軽く見られてしまいます。そうならないためには、職場以外で話す機会をつくるべきです。

野田佳彦の首相になるまでの二四年間は、なかなか劇的でした。家庭教師や都市ガスの点検員などをへて、駅前演説を繰り返すことになるのですが、この駅前演説など、誰も聞いてくれないものです。

しかし、何千回話しているうちには、さまざまな話題が出てきます。それによって、政治家の基礎ができたのでしょうが、ともかく話しつづけることによって、人脈にせよ、話題にせよ、多彩なものが身についたのでしょう。

とはいえ政治家志望でない人に、こういう演説はできません。そこで話し方教室でも、討論会でもセミナーでも、ともかく大勢の前で話せる会に参加しましょう。最初は挨拶からでいいのではありませんか？

私は若い頃、作家たちの作品講評会に参加していました。このとき講評するむずかしさを知ったのですが、ともかく広間の全員に聞こえるよう、大声で批評せざるをえません。

これによって、相当鍛えられた記憶があります。面白いことに、部下を持つようになって気がついたのですが、電話でも、ふつうの談話でも、声の小さい人は自信がありません。

人に聞かれるのがイヤなために、声を潜めるのですが、聞かれても平気なら、大きな声を出すはずです。私に鍛えられた部下は、みんな声が大きくなりましたが、大勢に話すときには、まさに声がものをいうのです。

テレビでバラエティ番組を見ていると、大きい声の持ち主は、断然トクです。小さい声は遮られてしまいます。

では大きい声の主がすぐれたことをいうかといえば、そうとはかぎりません。しかしいまの時代は、面白いことをいえなくても、それで笑ってくれる、という奇妙なところがあります。

バカであってもバカキャラが売りものになる時代です。おかしないい方ですが、バカキャラという潜在能力が、表面に出ることによって、才能が浮き出るのです。

みんながみんな、まじめなことを話しても、つまりません。潜在能力の中には、人を笑わせたり、泣かせたり、怒らせたりという異質なものもあるのです。思いきって話すことで、あなた自身とあなたの周辺は変わるのです。

異性、異世代、異業種、異人種と交わる

私の見るところ、同性の同世代と付き合っている人ほど、早く脱落していくような気がします。

それというのも、これらの人たちは――

(1)情報が新鮮でない
(2)問題点が似ている
(3)若い人の欠点をあげすぎる
(4)守りに入っている
(5)考え方が使えないほど古い

こういった状況に陥っているからです。

極端な例になると、中年男同士が飲んでいるところには、マイナスイオンが取り巻いているようで、近づけません。それこそ経営者の悪口ばかり、飛び交っているようです。

いまの時代は、今日帰宅して、明日出社するときには、新しい情報を、頭いっぱいに詰めこんでいなければなりません。

そのためには、男性であれば女性、女性であれば男性の友人がいる必要があります。さらに自分より一〇歳上か下くらいの知り合いがいないと、新鮮な情報が得られません。

また同業者の情報ではなく、異業種の情報も貴重になります。同業者の情報であれば、ほかの人たちが当然知っているからです。

その上、外国人の知り合いがいたら、海外情報も入ってきます。

いまの三〇代の男女社員には、このタイプが非常に多くなっています。

「重要なことは三〇代に訊け」という考え方があります。企業の経営者の中には、こういうタイプがふえています。

二〇代ではそこまではムリですし、四〇代になると、三〇代より行動力が劣りますし、外国語もしゃべれなくなります。五〇代は「情報」という観点からすると、もう遅すぎます。

「流行のサイクル」を、「世代」に当てはめてみましょう。

心理学者のE・ロジャーズは、流行の担い手を、

(1)イノベーター
(2)初期採用者
(3)前期追随者
(4)後期追随者
(5)遅滞者

の五種類に分けています。

かりに⑴を一〇代とすれば、⑸は五〇代の遅滞者です。これを情報に置きかえれば、四〇代、五〇代はもう遅すぎます。二〇代、中でも三〇代が、圧倒的に有効な情報を握っていることになります。

それだけ、三〇代の行動力と情報収集力は、抜きん出ているのです。

これを反対に見ると、三〇代で同性、同世代といった付き合いをしているタイプは、完全に脱落してしまいます。

それでも四〇代、五〇代には、ほかの役目や功績があるので、いっぺんに脱落しないでしょう。ところが三〇代に期待されているのは、行動力、情報力、それにサービス力です。

まだ功績といっても、見るべきものはないかもしれません。そうだとしたら、企業に対して、新しい情報や有力なコネを持ってこなければなりません。

現時点ではまだ、楽天、ユニクロだけかもしれませんが、社内の会議は英語でやるそうです。それは明らかに、新しい異人種との付き合い、考え方、情報を、いまのうちから取り入れようという姿勢の表れです。

恐らく世界企業になるには、この方法しかないでしょう。つまり世界社員になるためには、こういう企業で勉強したほうが断然有利になります。

いまのうちに、付き合う人たちを変えないと、脱落することになりそうです。

オンリーワンの技術を鍛える

オンリーワンというと、どんなにむずかしい技術かと思うでしょうが、私はそんな大それたことをいっているのではありません。

人それぞれ、仕事それぞれ、企業それぞれというように、技術といっても、ハードもあれば、ソフトもあります。それこそ、ねじ一つでも、世界オンリーワンのねじをつくった町の中小企業がありましたが、要はその道を究めれば、自然とオンリーワンになってしまうものです。

私は世間から「女学の神様」といわれていますが、同時に「口説きの神様」ともいわれています。その業が神業に達しているのですから（笑）、オンリーワンといっても、オーバーではありません。女性の口説き方でもオンリーワンになれば、十分食っていけます。

私の友人はインドに行っていますが、彼はそこでヒンディ語をはじめとして、いくつかの公用語を勉強してしまいました。こうなると、オンリーワンの翻訳者といえないことはありません。

かつての私の週刊誌時代の部下で、人を見つけてくる名人がいました。いまならテレビ局で高額で使うでしょうが、なにしろ、どんな注文にもぴったりと合う人物を、必ずさがし出してくるのです。

たとえば「離婚を二回していて、三回目に大金持ちと結婚した女性が欲しい」というと、ほぼ一週間か一〇日の間に、その通りの女性をさがしてくるのですから、まさにオンリーワンです。

私は「一種の探偵社のような組織をつくってはどうか?」と彼にすすめたのですが、彼は埼玉県庁に入り、水道部門の担当者になったのです。なんとそれは、のちに建築業者になるための布石でしたが、驚いたことに、そこで「客さがし」の技術を発揮したのです。

まさにオンリーワンの道を歩いたのですが、人さがしを客さがしに置き換えて、大成功したのでした。

同じく週刊誌の編集長時代に、信じられないような記者がいました。

週刊誌は常に、突然事件が起こるもので、即座にどんな地方でも、取材に行かなければなりません。

ふつうは数日にわたる取材となると、用意に半日くらいかかるものですが、彼はいつでも即座に、取材に出発するのです。彼はいつも大きなリュックのような鞄を持ち歩いているのですが、この中に時刻表から乾パン、飲料水まで用意しています。

それだけでなく、金槌や細縄まで準備しているのです。何に使うのかよくわかりませんでしたが、彼はこれらを称して「出張七つ道具」といっていました。

これには数十人いる部員や記者は脱帽でしたが、まさにオンリーワンの境地です。

またカメラマンで、取材した対象の男女の後ろ姿を、必ず撮ってくる男がいました。結婚式でも前からだけでなく、後ろ姿の花嫁や花婿を撮ってくると、意外に面白いものです。

政治家でも芸能人でも、後ろ姿には本音が出ることがあります。口では強いことをいっていても、後ろ姿が寂しく撮られていることもあり、これは貴重なオンリーワン写真になったものです。

こう書いていくと、誰にもやれそうで、実はやっていないというところに、オンリーワンの秘密がありそうです。

私は社内で「四六時中寝ない男」と見られて、それが、もっとも忙しい週刊誌編集長に抜てきされた理由の一つでした。

短時間睡眠でも、オンリーワンになれたのです。才能といえるほどのものではありませんが、能力の一つであることは間違いありません。

できれば、能力は、多彩に花開かせていこうではありませんか。

終　章

私の家はなぜ白一色なのか？

多彩な生活を送るためには

私には一つだけ、大げさにいうならば「人生哲学」というべきものがあります。それは「人間に備わっているものは、すべて死ぬまで使いつづける」という考え方です。足にしても、幸いにして二足揃っているならば、歩くべきであり、できれば走ることも厭《いと》ってはなりません。

頭脳も死ぬまで使いつづけるし、言葉もしゃべりつづけるのが、それこそいま風にいうならば、ミッションではないでしょうか？　歯がなくなって、しゃべれないというなら、安い入れ歯にせよ、入れるのが人間の尊厳を守る義務だと私は思っています。こうすれば、いつまでも多彩な生活を送ることができます。

ところが日本人は、なぜか年と共に老いなければならないという思想を持っており、墨絵のように単彩な生活にしていくのが理想、と信じていた節があります。

これが若い頃から、どぶねずみ色のスーツを着る習慣とつながっていたのかもしれません。しかし地球の温暖化、あるいは日本列島のヒートアイランド化で、私たちの生活は悪熱帯化しています。

それと共に、男も女も、服装がラフになり、色彩が華やかになってきました。その上平均寿命はぐんと伸び、生活は私たちに、老いることを許さなくなっています。

私にはＯＬ、オフィスレディと並んで、「ヤングアダルト」という造語があります。いまは全国の図書館で「ヤングアダルトコーナー」といって、青少年向き図書のところで使われています。

しかし本当は、青少年向きという意味で造った言葉ではありません。「心に若さを持っている大人たち」という意味合いで使ったもので、年齢はまったく関係ないことをいいたかったのです。

サムエル・ウルマンよりよっぽど早い時期、一九八一年に、心の青春を考えたという意味で、私はひそかに自分に誇りを持っています。

私の家は外壁も塀も白一色です。いまでこそこういう外装は非常に多くなりましたが、数十年前には、とても珍しかったのを覚えています。

「櫻井さんはハイカラですね」

と近所からいわれて苦笑したものですが、地味な和風の家より人の出入りも多くなり、子どもたちも華やかに育つと考えたのです。

数十年後のいま、私の予想は当たり、私自身多彩な人脈を持つだけでなく、多才な活動ができる元気さを保ちつづけています。

なによりも家族全員が、どぶねずみ色の生活と無縁でこられたことがよかった、と思うのですが、冗談半分、本気半分でいえば「白い家」という発想が原点です。

さらにいうならば、家の中はできるだけ明るいほうが、健康につながります。少々照明代はかかりますが、禁煙すれば、そのくらいの費用は軽く出るでしょう。また夜の照明は節電時間ではないので、それほど遠慮しなくてもいいでしょう。

照明が暗すぎるから、華やかな色彩が生きないのです。死ぬまで、自分に備わっているものを使い切るには、環境をにぎやかにしておく必要があります。

昼間だけでなく、夜の時間も多彩に生きる工夫をしたほうが、人生に勝利すると思うのです。

男気、あるいは愛に人々は集まってくる

いまから二六年前、私は初めての著書を出版しました。『女がわからないでメシが食えるか』という過激なタイトルでした。

この中で私は、日本全体が「女性化」する、と書いたのです。それまでは「左翼

化」する、「右翼化」するという言葉はありましたが、女性化するというのは珍しいというので、注目を浴びた記憶があります。

問題はこの女性化社会です。

すでに世界各国では元首、首相など、多くの女性がその地位についています。日本でも女性天皇が論議されているように、いつまでも男たちの天下ではありません。女性化社会が到来すると、街は「白く丸く明るく」なっていきます。私の家を白く明るく、さらに一部を丸くしたのも、タネを明かせば自説を実践したということなのです。

しかしこの女性化社会の出現は、男たちに一種の踏み絵を突きつけてきました。女性を理解し大切にしないと、ビジネスでも成功しないし、結婚もできませんよ、と迫ってきたのです。

女性を低く見ている男たちは、政治家でも落選させられてしまいますし、いい女性と結婚しても、いばっていたら離婚を要求されてしまいます。

反対に、女性の力を本気で借りる気になれば、信じられないほど、優秀、有能なパートナーになってくれるのです。

本音をいうと、近頃の男たちを私はあまり信じていません。これは六〇年間にわたるビジネス社会で、もっとも大切だった「男気」が少なくなってしまったからです。自分の損得をかえりみずに、力を貸してくれる男がいなくなってしまいました。

今回、私は八一歳で新しい出版社を興しましたが、ひと昔前の作家であれば、文句なしに、むしろ先方から「書かせてくれ」といってきたはずです。

ところがある有名男性作家は、私の頼みに対し、「先輩に会ったら断れなくなるので、会えない」といった意味の断りの手紙を送ってきています。

さすがに理由は作家らしく巧みですが、心がありません。いわゆる侠気がないのです。

ところが反対に、女性のほうが断然積極的です。「私でお役に立つなら、いつでも使ってください」と、まるで一昔前の男のようです。

「男気」をネットで検索すると、こんな八カ条が出てきました。

(1)小さな約束でも守る
(2)トラブルに直面しても逃げない
(3)無理して格好つけない
(4)困った人がいれば、率先して助ける

(5)自分の非を認め、素直に謝る
(6)友だちや後輩の悪口をいわない
(7)「部下（後輩）の責任は自分が持つ」くらいの大きな心
(8)信念を持ち、打ち込んでいる

たしかにこの八カ条を守れば、人脈が広がりそうです。しかしこれらは男気というより、常識です。これでは自分の世界を広げられても、もっと大きな世界で才能を発揮するまでには至りません。

女性はソンをしても、一歩踏み込むところがあります。それは「愛」があるからです。その点、男には大切な愛が欠けています。もし女性と同じように、自分の身を男に無償で与えるような純粋な愛があれば、多彩な人々が集まってくれる気がします。

次の時代のオンリーワンになろう

いまの世の中は、リタイヤできない仕組みになってきました。恐らく七五歳まで働かないと、元気で楽しい一生にならないと思います。

そうなると、ざっと五〇年は働かなくてはなりません。これを前半生と後半生に分ければ、いままでの二倍は働かなくてはなりません。

たったこれだけ考えても、一つの能力、一つの特技、得意技では、世の中を渡れないことがわかります。

多才力は、どうあっても必要欠くべからざるものになってきました。前半生のうちに、後半生で活用できるような勉強をしておくことが、求められてきたのです。

もっとくわしくいえば、いまから一〇年後、二〇年後、三〇年後を、それぞれの年齢に応じて見通さなければなりません。

かりに現在三〇歳だったら、六〇歳頃の社会をじっくり考えないと、後半生で大失敗することになりかねません。生きていこうにも、職もない、貯えもないという状況になっているかもしれないのです。

私がこういうのも、私の同期で失敗した男たちが、大勢いるからです。彼らの多くは、私より優秀でした。だから、私もうらやむような一流会社に就職しています。

ところが世の中の流れは、それらの大企業を、あとかたもなく押し流してしまったのです。津波は、海からだけ押し寄せるものではありません。

いや、海からです。それも海の向こうからの圧力です。アメリカ、中国、韓国から押し寄せる巨大な変化の圧力は、私たちの安定した生活を、こっぱみじんに砕いてしまうのです。

一流企業に就職できても、いまはなんの保証にもなりません。下手をすると一年で、希望退職を求められてしまいます。

そういった不安定な世の中で、自信ある生活をするには、どうしたらいいのか？

一つには世の中の流れを読むことでしょうし、自分自身に実力をつけなければなりません。

一例をあげれば、日本の女性の長寿は世界一でしたが、二〇一一年には香港が最高齢になりました。つづいて中国では六〇歳以上の男女が、すでに一億八〇〇〇万人もいます。

いまから四〇年後の二〇五〇年には、なんと四億人が六〇歳以上になるのです。

韓国も二〇二〇年には、労働者人口が日本の減少スピードを上回ると予測されており、台湾は二〇二四年に日本と同水準に達します。

これは老齢化から世の中の推移を見たものですが、この情報一つでも、シニア・シルバービジネスが最有力になる、と考えられませんか？

いま現在より将来を大事にするならば、「アジアとシニア・シルバー」に関するノウハウは、あなたを救うかもしれません。

多彩な人脈、多才な技術、知識といっても漠然としていますが、この一点に絞るならば、いまからで十分間に合うでしょう。いや、オンリー・ワンになれるのではありませんか？

要は、いまを重く見るか、将来を大事にするかなのです。もう少し深くいうならば、見えるものに寄りかかるか、見えないものを大切にするかなのです。私は後者で勝負してきましたが、それは人それぞれでしょう。

社会は常に新陳代謝しています。古いものはなくなりはしませんが、舞台裏に引っ込むことはたしかです。それらを知識として貯えておくことは、とても大切ですし、意外に喜ばれます。

多彩とは、単に華やかというより、古さと新しさの彩りの鮮やかさをいうのだと思います。

多才も同じように、古典と新作の両方を演じられる役柄の広さではないでしょうか？

ただ表の顔、表の実力は、新しい情報、新しい技術でなければなりません。これらの力をぜひ発揮してほしいと思います。

〔著者略歴〕 櫻井 秀勲（さくらい・ひでのり）

東京都生まれ。東京外国語大学ロシア語学科卒業。現在、(株)きずな出版社長、(株)ウーマンウェーブ会長。弱冠31歳で女性誌『女性自身』の編集長に抜擢されるや、100万部発行の人気週刊誌に育て上げる。女性誌キャリア30年のノウハウの蓄積を理論化した著書や講演には定評があり、運命論や宗教に関する造詣も深い。近著に、『たった３秒で女性を口説く技術』(中経の文庫)、『女性が50代を後悔しない51のリスト』（ＰＨＰ研究所)、『いつだって運がいい人の愛敬の法則』（ＫＫロングセラーズ)などがある。

公式ホームページ
http://www.sakuweb.jp

ウーマンウェーブホームページ
http://www.womanwave.com

多才力
—ひとつの才能では、もう伸びていけない—

ISBN978-4-490-20805-4 C0030

2012年10月20日　初版印刷
2012年10月30日　初版発行

著　者　櫻井秀勲
発行者　皆木和義
印刷製本　図書印刷株式会社
発行所　株式会社東京堂出版
http://www.tokyodoshuppan.com/
〒101-0051 東京都千代田区神田神保町1-17
電話03-3233-3741 振替00130-7-270